Ein herzlicher Dank an die Plattform RESPEKT
für ihre Unterstützung

Plattform
RESPEKT
www.respekt.plus

Unsere ZeitenWende
Kommunikationsplattform für neue Perspektiven (Hg.)

OHNE FRIEDEN IST ALLES NICHTS

ENTMUTIGUNGEN FÜR KRIEGSTREIBER

Frank&Frei

INHALT

EINFÜHRENDE WORTE DES VEREINS

Als Verein, dessen Mission es ist, sich für Frieden, Freiheit und Freude einzusetzen, möchten wir mit diesem Buchprojekt der zunehmenden Kriegsrhetorik klare und vielfältige Stimmen entgegensetzen. Die gefährliche Paradoxie, Frieden ließe sich durch Gewalt herbeiführen, entmündigt die Zivilgesellschaft, entwertet gewaltfreie Konfliktlösungen und verdrängt alternative Wege. Mit der hier enthaltenen Textsammlung wollen wir Brücken bauen, wo andere Mauern errichten, und friedlichen Ideen Raum geben.

Frieden ist für uns weit mehr als nur die Abwesenheit von Gewalt. Er braucht Verständnis, Geduld und Respekt sowie die Bereitschaft zu einem Miteinander – zwischen einzelnen Menschen, Gemeinschaften, Regierungen und Nationen. Dauerhafter Frieden ist kein abstraktes Ideal, sondern ein lebendiger Prozess, der in uns selbst beginnt – in Gedanken, Worten und Beziehungen – und über uns hinauswächst – über soziale Gerechtigkeit bis hin zu umfassender Verantwortung.

Wir haben Autoren eingeladen, ihren persönlichen Fokus zum Thema „Wie gelingt Frieden?“ beizusteuern. Jeder von ihnen brachte seine eigene Expertise ein, wodurch dieses Buch ein facettenreiches Bild und mannigfaltige Ansätze für eine friedlichere Welt bietet. Denn in der Pluralität liegt die Kraft, neue Wege zu entdecken und gemeinsam zu beschreiten.

Die hier versammelten Beiträge sind sachlich, reflektiert und oft wissenschaftlich und praktisch fundiert. Gleichzeitig enthalten sie persönliche Erfahrungen, anschauliche Beispiele und erzählerische Momente. Sie sind bewusst zeitlos angelegt und verfolgen nicht das Ziel, Meinungen zu beeinflussen, sondern neue Perspektiven zu eröffnen, zum Nachdenken einzuladen und zu einer aktiven Mitgestaltung für eine friedlichere Welt zu inspirieren.

Abgesehen vom Hauptthema und einer groben Textlänge gab es keine Vorgaben, schon gar keine Zensur. Jeder Autor wählte selbstbestimmt den Bereich, in dem er Wissen, Erfahrung und Kompetenz besitzt. Natürlich schimmern in jedem Beitrag auch Haltung und Überzeugung durch, was bei einem emotional geladenen Thema wie Frieden unvermeidbar ist. Gerade diese Authentizität macht die Beiträge lebendig und ehrlich.

In einer Zeit, in der Debatten, etwa zu Klimawandel, Geschlechtervielfalt oder medizinischen Behandlungsmethoden, die Gesellschaft spaltet, eint alle Mitwirkenden an diesem Projekt eine Überzeugung: Frieden ist unverzichtbare Voraussetzung für ein würdevolles, gerechtes und lebenswertes Zusammenleben auf dieser Welt.

Auch in Bezug auf das Gendern hatten die Autoren völlige Entscheidungsfreiheit. Wer darauf verzichtete, tat dies keineswegs aus Abwertung, sondern aus Respekt vor der Sprache – ihrer Klarheit, ihrem Rhythmus, ihrer Wirkung.

Jeder Autor trägt allein die Verantwortung für den Inhalt seines Beitrags, einschließlich der Richtigkeit von Daten, Fakten und Zitaten.

An dieser Stelle möchten wir allen an diesem Friedensprojekt Mitwirkenden von Herzen danken – für ihr Engagement, ihre Offenheit und ihre Bereitschaft, gemeinsam mit uns an einer Vision zu arbeiten, die derzeit eine akute Dringlichkeit aufweist. Unser besonderer Dank gilt all den wunderbaren Autoren in diesem Buch. Ebenso bedanken wir uns für die wertvolle Unterstützung der Plattform RESPEKT – Plattform für Freiheit, Grundrechte und Rechtsstaatlichkeit sowie dem Verlag Frank&Frei, der diesem Projekt mit großer Sensibilität und Professionalität Gestalt verliehen hat.

Wir laden Sie als Leser in diese Friedenswelt ein: Lesen Sie kritisch. Prüfen Sie. Nutzen Sie Recherchen, gesunden Menschenverstand und die Weisheit Ihres Herzens. Möge dieses Buch geteilt, diskutiert und – vor allem – in die Tat umgesetzt werden. Für Frieden. Für Freiheit. Für Freude.

Verein Unsere ZeitenWende – Kommunikationsplattform für neue Perspektiven

VORWORT
DR. MARTIN J.F. STEINER

Es ist für mich eine große Ehre und Freude, das Vorwort zu diesem Buch schreiben zu dürfen. Gleich zu Beginn möchte ich auf eine einfache, pragmatische und 100 % sichere Methode der österreichischen Schule der Nationalökonomie (die „Austrians") hinweisen, um Frieden dauerhaft und immerwährend zu schaffen: mit der Abschaffung des FIAT-Geld-Systems bzw. das Ablehnen des Nutzens desselben. FIAT-Money ist Kriegs-Geld, nur gedecktes Geld (mit realen Werten gedeckt, wie beispielsweise Gold oder Silber, oder auch anderen real begrenzte Werten) ist Friedens-Geld. Mit einem gedeckten Geldsystem sind Kriege nicht finanzierbar.

Henry Ford hatte vor 105 Jahren gesagt: „… Wenn die Menschen das Wesen des FIAT-Geldsystems verstehen würden, hätten wir eine REVOLUTION VOR morgen FRÜH".

Also gleich zu Beginn meines Vorworts möchte ich mit einem Aufruf starten: „Lasst uns aufbrechen zu einem gedeckten Friedens-Geldsystem und zwar mittels einer friedlichen Revolution! Jetzt!

Wie so ein Friedens-Geld aussehen kann und warum keine Kriege mehr damit möglich sind, erfahren Sie in diesem Buch – und noch viel mehr.

Von meinem technisch-programmatischen Ansatz möchte ich nun auf die ganz persönliche, individuelle Ebene von uns Menschen wechseln. Jeder Mensch hat jemanden, der ihn liebt – jeder russische und jeder ukrainische Soldat hat zumindest einen Vater und eine Mutter, für die gerade eine Welt zusammenbricht – das Schlimmste, was einem Vater und einer Mutter passieren kann, ist, wenn ihr Kind getötet wird.

Meine Urgroßmutter bekam im 2. Weltkrieg einen „Feldbrief" zugesandt, mit der Nachricht, dass ihr Sohn gefallen ist. Dieser Feldbrief hat ihr ganzes Leben massiv geprägt, sie hat ihn ihr Leben lang bei sich getragen, aufbewahrt und immer wieder gelesen. Er war für sie irgendwie ein letztes „Stück" ihres geliebten Sohnes, meines Urgroßonkels. Dieser Feldbrief befindet sich immer noch in unserer Familie – ist „Schatz" und Mahnung für uns alle!

Ich bin überzeugt davon, dass niemand – der nicht eine mentale Schädigung oder psychische Störung hat – einen anderen Menschen verletzten oder sogar töten will. Ich bin als Sohn und Vater davon überzeugt, dass wir alle in Frieden miteinander leben, uns helfen und unterstützen wollen – ja, wir alle sind soziale Wesen. Es ist für jeden von uns ganz wunderbar, jemandem, der Hilfe bedarf, zu helfen. Das ist in unserer Innenwelt – manche nenne sie „ Seele oder Geistkörper" – genau so angelegt.

Zum Thema Krieg fällt mir natürlich immer dieses wunderbare Lied von Reinhard Mey ein: „NEIN, meine Söhne gebe ich nicht". Dieses Lied wurde aktuell (November 2025) vom SWR aus der Vorschlagsliste entfernt, da sich so viele Menschen dieses Lied gewünscht hatten, dass der SWR einen „Manipulationsversuch" erkannt haben wollte. Oder ist das gerade ein „Zurückrudern" des SWR[1]?

Reinhard Meys Lied ist top aktuell und zeigt uns, WER es in der Hand hat, JEDEN Krieg zu vermeiden! Das sind wir Väter und Mütter, indem wir einfach aufzustehen und das RICHTIGE tun. Besonders berührt mich folgende Passage aus Reinhard Meys prophetischem Lied:

Die Kinder schützen vor allen Gefahren
Ist doch meine verdammte Vaterpflicht
Und das heißt auch, sie vor euch zu bewahren
Nein, meine Söhne geb ich nicht
Ich werde sie den Ungehorsam lehren
Den Widerstand und die Unbeugsamkeit
Gegen jeden Befehl aufzubegehren
Und nicht zu buckeln vor der Obrigkeit
Ich werd sie lehr'n, den eig'nen Weg zu gehen
Vor keinem Popanz, keinem Weltgericht
Vor keinem als sich selber g'radzustehen
Nein, meine Söhne geb ich nicht

Als Vater kann ich allen Marionettenspielern, potentiellen Kriegsgewinnlern, Wahnsinnigen – oder wer immer ihr seid – zu 100 % versprechen: Meinen Sohn bekommt ihr NICHT! Und ja, ich tue jeden Tag mein Bestes, um ihm beizubringen:

Ich LEHRE IHM den Ungehorsam
Den Widerstand und die Unbeugsamkeit
Gegen jeden Befehl aufzubegehren
Und nicht zu buckeln vor der Obrigkeit

Wir Eltern haben Krieg und Frieden auch in der Hand – und wir müssen handeln – JETZT!

Wir alle wollen in Frieden miteinander leben, wollen unsere Schwarmintelligenz nutzen – für uns, unsere Lieben und für alle Menschen, mit denen wir interagieren. Wir wollen diese Leben wunderbar gestalten – und können das auch – gemeinsam!

Das Gegenteil ist leider aktuell der Fall: Statt Schwarmintelligenz herrscht Klumpendummheit, statt friedlicher Koexistenz sehen wir einen übergriffigen Staat, der uns immer mehr in unserer Freiheit einengt. Wir sehen eine unheilvolle Allianz von Regierungen und Mainstream-Medien, eine ständige Beschallung, Indoktrination und Manipulation.

Ich persönlich befürchte, dass die 3 Ks (Krankheit/Corona – Klima – Krieg) als Geldmaschinen ständig in der Reihenfolge von Regierungen und Medien gespielt werden, um Vermögen umzuverteilen – von uns allen weg – und hin zu einigen ganz wenigen. Dies gilt es zu verstehen und zu durchblicken, um dann schwarmintelligente Lösungen zu schaffen und um aus dem 3-K-Spiel der scheinbar Mächtigen auszusteigen.

Indem wir Eltern uns auf unsere Liebe zu unseren Kindern besinnen und sie „Lieben und Barmherzigkeit" lehren, ist Krieg nicht mehr möglich! Liebe überwindet alles, es ist die stärkste Kraft im Universum!

Daher ist dieses Friedensbuch so wichtig, um uns auf dieses Bewusstsein der Liebe von uns Eltern für unsere Kinder rückzubesinnen!

Ich bin überzeugt, wir werden gemeinsam Frieden schaffen können, indem wir gemeinsam das RICHTIGE TUN – JETZT! Wenn wir alle unser Bestes für den Frieden geben – und dieses wunderbare Buch ist dabei eine große Hilfe – dann wird am Ende alles GUT werden. Und wenn es noch nicht GUT ist, sind wir halt noch nicht am Ende unseres Weges FÜR DEN FRIEDEN angekommen! Die friedvolle Welt GELINGT! Und das ist ganz sicher so!

Herzlichst,

Euer Martin J.F. Steiner

Das Lied „NEIN, meine Söhne gebe ich nicht"
von Reinhard Mey:

WARUM KRIEG?
MAG. DANIELA LUPP

„Mir ist es völlig wurscht, wie viele Leute in meinen Schlachten sterben, und wenn es Millionen sein müssen“, soll Napoleon einst in Paris zum österreichischen Gesandten Metternich gesagt haben, worauf dieser entgegnete: „Ich bitte um die Erlaubnis, das Fenster zu öffnen, Majestät, sodass ganz Europa Ihren Satz hören kann.[2]“

Man fragt sich: Müssen solche Nachrichten die Bevölkerung überhaupt erst erreichen? Ist den Menschen nicht bewusst, dass Kriegstreiber buchstäblich über Leichen gehen? Sind Tote nicht die grausamen, doch unvermeidlichen Nebenwirkungen des Krieges? Und macht das Kriege nicht offenkundig sinnlos? Was also rechtfertigt sie noch? Schon jedem Kleinkind wird erklärt, dass Gewalt keine Lösung ist, wenn es zum ersten Mal seinem Sandkastenfreund die kleine Plastikschaufel auf den Kopf klatscht.

„Tötest du einen Menschen, bist du ein Mörder. Tötest du viele, bist du ein Held“, heißt es[3]. Diese Aussage ist auf entsetzliche Weise wahr und gleichzeitig ethisch absolut falsch. Da die Initiatoren zumeist machiavellistische Beweggründe antreiben, zeigen sie sich selbst niemals in der Gefahrenzone. Sie benötigen daher für einen Krieg „freiwillige“, am liebsten begeisterte Soldaten, die lächelnd nicht nur ihr Leben geben, sondern auch bereit sind, Leben zu nehmen.

Und obwohl wir das wissen, lässt sich Kriegsbegeisterung immer wieder schüren. Junge Männer ziehen freudestrahlend Richtung Tod. Sie wähnen sich nicht als Mörder, sondern als Beschützer und Retter.

In kriegslüsternen Zeiten wird der Pazifist zum Feigling oder gar zum Verräter. Moralische Mauern werden eingerissen. Der Feind wird entmenschlicht, um Grausamkeiten zu rechtfertigen.

Wie ist es zu erklären, dass Menschen hierbei mitmachen? Immer und immer wieder, seit vielen Tausenden von Jahren. Die Geschichte der Menschheit ist eine lange Abfolge von Kriegen, die oft nur kurzweilig durch Frieden unterbrochen wurden.

Haben wir daraus nichts gelernt? Haben wir, seit der erste Mensch die Holzkeule gegen seinen Gegner schwang, noch keine menschenwürdigere Möglichkeit zur Konfliktlösung gefunden? Sitzt diese Gewaltbereitschaft womöglich so tief in uns, dass wir Kriege sogar führen möchten? Trägt der Mensch etwa ein animalisches Wesen in sich, das nur auf seinen Ausbruch wartet? Lässt Krieg Dämonen frei – oder erschafft er sie erst?

WIE IST ES MÖGLICH, DASS SICH DIE MASSE BIS ZUR RASEREI UND SELBSTAUFOPFERUNG ENTFLAMMEN LÄSST? (EINSTEIN)
WARUM KRIEG? ZAHLREICHE SCHLAUE KÖPFE HABEN SICH MIT DIESER FRAGE BESCHÄFTIGT.

Laut dem Journalisten Julian Assange[4] müssen die Menschen in einen Krieg hinein manipuliert werden. Das geeignete Mittel dazu seien die Medien. Seine Aufdeckungen haben gezeigt, dass Krieg und Wahrheit überhaupt nicht vereint werden sollen. (Assange wurde nach seinen brisanten Enthüllungen über US-Kriegsverbrechen, die die moralisch-überlegene Selbstdarstellung des Wertewestens erschütterten, vom Computerprogrammierer und Journalisten zum US-Staatsfeind Nr. 1 erhoben.)

Schließlich herrschen im Krieg andere Gesetze, die verborgen werden müssen vor all jenen, die nicht persönlich daran teilnehmen, denn diese würden Kritik üben. Auf den bereits am Boden liegenden Verlierer darf jedoch getreten werden – gesellschaftlich, politisch, medial und sogar im Schulunterricht – und das über Generationen hinweg. Der Sieger hingegen ist unantastbar. Er schreibt die Geschichte, macht sich selbst zur Legende, die oft nicht der Wahrheit dient, sondern der Macht.

Das zeigt, wie groß die Bedeutung der Wahrheit ist. Nur sie kann stoppen, dass Kriegsopfer zu Kollateralschäden degradiert und Täter zu Helden stilisiert werden. Sie ist der einzige Weg, den Kreislauf von Verblendung, Rache und Wiederholung zu durchbrechen. Assange machte uns bewusst, dass Krieg ohne Transparenz systematisch irreführend ist. Wo die Wahrheit verschwiegen wird, gedeiht die Lüge und ebnet den Weg in den nächsten Krieg. Ohne Wahrheit bleibt Frieden bloße Ruhe zwischen den Schlachten, nicht ihre Überwindung. Die Medien haben hierbei eine immense Verantwortung, die sie leider bisher unzureichend oder überhaupt nicht übernommen haben.

Auch der österreichische Publizist und Satiriker Karl Kraus (1874–1936) sah in der von ihm so benannten „Journaille" eine große Gefahr. Durch ständige Wiederholungen werde die öffentliche Meinung beeinflusst und „unter dem ruchlosen Vorwand der Preßfreiheit das Volk in den Tod" gelogen.[5] Durch Kriegsverherrlichung und -verharmlosung und durch Steigerung patriotischer Stimmung wurde zur Zeit des 1. Weltkriegs in der Bevölkerung Kriegsbegeisterung geschürt. Dass man aus diesem Unheil nichts gelernt habe, schrieb Kraus der fehlenden Aufarbeitung zu, weil man die „wohlverdiente Ruhe der Überlebenden" nicht stören wollte[6]. Denn wo die brutale Fratze des Krieges nicht umfassend gezeigt und nur ein einziger Blickwinkel erlaubt wird, keimt das Unrecht im Verborgenen weiter. So entsteht kein dauerhafter Frieden, sondern nur eine Pause, bis der nächste Konflikt aufkeimt.

Albert Einstein[7] und Sigmund Freud[8] – beide unumstritten mit besonderer Klugheit und Beobachtungsgabe gesegnet – hatten im Jahr 1932 einen kurzen, doch deshalb nicht weniger bedeutsamen Briefwechsel[9], um Schlüsse zur Kriegsverhütung zu ziehen.

Einstein schreibt, dass die Menschen durch Schule, Presse und religiöse Organisationen geleitet und zu willenlosen Werkzeugen, sozusagen „dienstbar", gemacht würden. Das beträfe nicht nur die Ungebildeten, sondern im Gegenteil besonders die Intelligenten, denen oft der Bezug zur Realität fehle.

Freud kritisiert ebenso die „Übergriffe der Staatsgewalten und das Denkverbot der Kirche". Diese seien ungünstig, um die Menschen dazu zu bringen, sich von der Vernunft leiten zu lassen. Aus seiner damaligen Sicht schlussfolgerte er, dass die Mehrheit der Menschen aufgrund ihrer eigenen Unselbständigkeit eine führende Autorität wünsche oder gar benötige. Diese Herrscher müssten jedoch selbstdenkend, wahrheitsliebend und nicht korrumpierbar sein, um Frieden zu gewährleisten.

Die Schwierigkeit dabei ist wohl offensichtlich.

An der Spitze des Staates sollten die weisesten Menschen stehen. Jene, die allen Bürgern die gleichen Chancen ermöglichen und im gegebenen Fall deeskalieren. Stattdessen sind es Staaten, die große Kriege anzetteln, anheizen, unterstützen, sie sogar als Friedensgarant verkaufen.

Krieg wäre nach Freud nur dann ein geeignetes Mittel zur Friedensbildung, wenn er dauerhaften Frieden schaffen könnte. Das jedoch sei nicht möglich. Denn Gemeinschaften werden entweder gewaltsam gebildet oder durch Zusammengehörigkeitsgefühle, die aufgrund weiterhin bestehender Ungleichheit ebenso zerbrechlich seien. Das Gemeinschaftsgefühl müsste durch Gesetze gefestigt und deren Einhaltung durch eine höhere Instanz kontrolliert werden. Dies verlangt stets die Aufgabe persönlicher Freiheiten und beinhaltet ein ungleiches Machtverhältnis.

„Die Gesetze werden von und für die Herrschenden gemacht", die „den Unterworfenen wenig Rechte einräumen", schrieb Sigmund Freud. Dadurch würde es auch innerhalb von Gemeinschaften immer wieder zu Auflehnungen kommen.

Der Pokal des Siegers ist nicht die tatsächliche Lösung des Konflikts, schon gar nicht ein nun friedliches Miteinander, sondern die Unterwerfung des Gegners, der gezwungen wird, seine Ansichten aufzugeben. Das große Problem sei also, so Freud, dass zur Durchsetzung des anhaltenden Friedens auch die allgegenwärtige Androhung von Gewalt vonnöten sei.

Einstein vermutet Hass und Zerstörung als menschliches, jedoch grundsätzlich verstecktes und schlummerndes Charakteristikum, das der Krieg zu erwecken imstande sei. Diese Grundlage ließe sich zur Massenpsychose steigern, wodurch erklärbar wäre, warum jene Menschen, „die durch einen Krieg nur zu leiden und zu verlieren" haben, sich dennoch dafür begeistern ließen. Und das, obwohl all jene, die Kriege initiieren und die tatsächlich nur eine Minderheit darstellen, von einem Machtbedürfnis für persönliche Vorteile beherrscht seien.

Auch Freud kommt nicht umhin, der Menschheit einen „Trieb zum Hassen und Vernichten" zuzuschreiben, wobei er überzeugt ist, dass es eine Reihe von Gründen braucht, um gewaltsame Handlungen in Gang zu bringen. „Wenn also die Menschen zum Krieg aufgefordert werden, so mögen eine ganze Anzahl von Motiven in ihnen zustimmend antworten, edle und gemeine, solche, von denen man laut spricht, und andere, die man beschweigt.“ Womöglich könne man die Menschen nur „soweit ablenken, dass sie nicht ihren Ausdruck im Kriegen finden“ müssen.

Freud spricht ebenso vom „ursprünglichen Zustand“ der Gewalt, der in modernen Gesellschaften vom Recht abgelöst wurde. Recht entwickelt sich mittels Vereinigung. „Es ist noch immer Gewalt, bereit sich gegen jeden Einzelnen zu wenden, der sich ihr widersetzt, arbeitet mit denselben Mitteln, verfolgt dieselben Zwecke; der Unterschied liegt wirklich nur darin, dass es nicht mehr die Gewalt eines Einzelnen ist, die sich durchsetzt, sondern die der Gemeinschaft.“

Hier wären wir wieder bei der Manipulation angelangt. Menschen müssen mit dem Gefühl von Sicherheit an der Leine geführt werden, im Gleichschritt mit der Masse. Dieses gesteuerte Zusammengehörigkeitsgefühl mag womöglich die Hauptursache dafür sein, dass Menschenmassen in Kriegsbegeisterung ausbrechen können. Doch es gibt auch Grund zur Hoffnung.

GIBT ES EINEN WEG, DIE MENSCHEN VON DEM VERHÄNGNIS DES KRIEGES ZU BEFREIEN? (EINSTEIN)

Albert Einstein und Sigmund Freud sehen als mögliche Lösung eine einigende „Zentralgewalt“, die mit der Macht ausgestattet sei, Konflikte zu schlichten und von allen Beteiligten vollständig anerkannt werden müsse.

Was die beiden Herren vorschlagen, ist eine unabhängige, legislative, gerichtliche und überstaatliche Instanz zur Konfliktschlichtung. „Der Weg zur internationalen Sicherheit führt über den bedingungslosen Verzicht der Staaten auf einen Teil ihrer Handlungsfreiheit bezw. Souveränität, und es dürfte unbezweifelbar sein, dass es einen andern Weg zu dieser Sicherheit nicht gibt.“ (Einstein)

Diese Idee sei jedoch problembehaftet und aus zwei Aspekten nicht umsetzbar: die immer präsente menschliche Natur und politische Machtbedürfnisse.

„So scheint es also, dass der Versuch, reale Macht durch die Macht der Ideen zu ersetzen, heute noch zum Fehlschlagen verurteilt ist. Es ist ein Fehler in der Rechnung, wenn man nicht berücksichtigt, dass Recht ursprünglich rohe Gewalt war und noch heute der Stützung durch die Gewalt nicht entbehren kann.“ (Freud)

Die auch bisher wissenschaftlich nicht klar widerlegte These, im Menschen verstecke sich ein gewalttätiger Urinstinkt, widerspricht jedoch der Tatsache, dass es vollkommen friedliche Völker auf der Welt gab und gibt. Es brauche, so Freud, zu einem friedvollen Zusammenhalt Liebe oder Identifizierung, für kleine und große Gemeinschaften. „Alles, was Gefühlsbindungen unter den Menschen herstellt, muss dem Krieg entgegenwirken.“ (Freud)

Dennoch steht er Berichten über solch friedliche Stämme skeptisch gegenüber: „Es soll in glücklichen Gegenden der Erde, wo die Natur alles, was der Mensch braucht, überreichlich zur Verfügung stellt, Völkerstämme geben, deren Leben in Sanftmut verläuft, bei denen Zwang und Aggression unbekannt sind. Ich kann es kaum glauben, möchte gern mehr über diese Glücklichen erfahren.“

Zuversichtlich stimmt Freud die Beobachtung, dass es – wie Einstein und er selbst auch – sehr viele Menschen gibt, die Kriege nicht einfach akzeptieren wollen, „weil jeder Mensch ein Recht auf sein eigenes Leben hat, weil der Krieg hoffnungsvolle Menschenleben vernichtet, den einzelnen Menschen in Lagen bringt, die ihn entwürdigen, ihn zwingt, andere zu morden, was er nicht will, kostbare materielle Werte, Ergebnis von Menschenarbeit, zerstört, u. a. mehr." (Freud)

Es gibt daher die Möglichkeit einer friedlichen Veränderung: „die kulturelle Wandlung der Mitglieder des Gemeinwesens". Dieser „Prozess der Kulturentwicklung" schreite laufend voran und könne nur in mehrheitlichem Pazifismus enden.

„Den psychischen Einstellungen, die uns der Kulturprozess aufnötigt, widerspricht nun der Krieg in der grellsten Weise, darum müssen wir uns gegen ihn empören, wir vertragen ihn einfach nicht mehr, es ist nicht bloß eine intellektuelle und affektive Ablehnung, es ist bei uns Pazifisten eine konstitutionelle Intoleranz, eine Idiosynkrasie gleichsam in äußerster Vergrößerung." (Freud)

Sigmund Freud schließt sein Schreiben an Albert Einstein mit der Frage: „Wie lange müssen wir nun warten, bis auch die Anderen Pazifisten werden?" und beantwortet diese sogleich mit optimistischen Worten: „Es ist nicht zu sagen, aber vielleicht ist es keine utopische Hoffnung, dass der Einfluss dieser beiden Momente, der kulturellen Einstellung und der berechtigten Angst vor den Wirkungen eines Zukunftskrieges, dem Kriegführen in absehbarer Zeit ein Ende setzen wird. Auf welchen Wegen oder Umwegen können wir nicht erraten. Unterdes dürfen wir uns sagen: Alles, was die Kulturentwicklung fördert, arbeitet auch gegen den Krieg."

Trotz aller historischen Gewalt scheint also in den Menschen eine konstant tiefe Sehnsucht nach Frieden verankert zu sein. Sie äußert sich nicht nur in mutigen Enthüllungen und philosophischen Briefwechseln, sondern auch darin, in stürmischen Zeiten standhaft zu bleiben – in der Weigerung, den Krieg zu verherrlichen und als Notwendigkeit zu akzeptieren. Darin, Verbindungen zu suchen, wo andere Gräben ziehen, und darin, unbeirrt nach Wahrheit zu streben. Solange der Mensch fähig ist, Mitgefühl zu empfinden, ist Krieg kein Schicksal, sondern bleibt eine Entscheidung – und damit vermeidbar.

EINE LANGE GESCHICHTE DER MENSCHHEIT

KERSTIN CHAVENT

Frieden beginnt bei jedem einzelnen, im eigenen Körper. Die Begegnung mit einer Krankheit, die oft als „bösartig“ bezeichnet wird, gibt Gelegenheit, die eigene Friedensbereitschaft zu überprüfen. Kämpfen wir und ziehen wir gewissermaßen in den Krieg gegen uns selbst – oder machen wir uns daran, uns mit dem vermeintlichen Feind an einen Tisch zu setzen und ins Gespräch zu kommen? Im Kleinen und im Großen – wie die Geschichte weitergeht, hängt letztlich von unserer Kommunikationsbereitschaft ab.

Im Sommer 2012 bekam ich die Diagnose Brustkrebs. Ein bösartiger Tumor. Hinterhältige Monsterzellen, die mein Leben bedrohten. Es musste sofort gehandelt werden. Zeit zum Nachdenken blieb nicht. Noch am Tag der Diagnose wurde der Schlachtplan erstellt: Hormonbehandlung, Chemotherapie, chirurgischer Eingriff, Bestrahlung. Das volle Programm. So antwortet die Medizin auf eine Krankheit, die heute dabei ist, Herz-Kreislauferkrankungen als Todesursache Nummer Eins abzulösen. Immer mehr Menschen sind betroffen. Jährlich erhält in Deutschland eine halbe Million Patienten die Diagnose Krebs. Etwa die Hälfte von ihnen stirbt.[10] Damit ist Krebs eine der angsteinflößendsten Krankheiten unserer Zeit. Ohne dass wir es merken, schleicht sich der Feind in den Körper und treibt dort sein Unwesen. Nur scharfe Munition kann ihn eventuell zurückhalten. Gift und radioaktive Bestrahlung sollen ihn besiegen.

Der gesamte Organismus wird durch die Behandlung stark in Mitleidenschaft gezogen. Man sieht es ihm an.

Das macht noch mehr Angst. Um das Schlimmste zu verhindern, gehen viele von uns regelmäßig zur Vorsorge. Das habe ich auch getan. Doch obwohl ich regelmäßig Mammografien durchführen ließ, habe ich den Knoten in der Brust selbst ertastet. Wie betäubt habe ich mich in die Behandlung begeben. Ich verlor meine Haare, mein Körper schwemmte für Jahre auf, ich wurde immer schwächer. Im eigenen Leib bekam ich die Gewalt einer Behandlung zu spüren, von der ich nicht sicher sein konnte, dass sie wirkt. Eine Garantie, den Kampf gegen den Krebs zu gewinnen, gibt es nicht. Alle Zellen werden beschossen. Man hofft, dass nur die guten überleben.[11]

Ich liebe Märchen. Doch ich glaube nicht an die Geschichte mit den bösartigen Zellen. Wie könnte es Körperzellen einfallen, sich so zu verhalten wie der böse Wolf? Der Gedanke ist furchtbar, ein Monster in sich zu nähren und den eigenen Körper gewissermaßen zum Feind zu haben. Einen Feind, der bekämpft werden muss, um zu überleben. Während dem Patienten nichts bleibt als ohnmächtig zu erdulden, was mit ihm angestellt wird, beschließen Spezialisten, die von dem Patienten nicht mehr kennen als ein paar Laborergebnisse, einen regelrechten Schlachtplan. Heerscharen gleich kämpfen, ganz in Weiß, die Guten gegen die Bösen.

Die aggressive Herangehensweise an Krankheiten hat bei uns Tradition. Seit die weisen Heilerinnen und Geburtshelferinnen auf den Scheiterhaufen der Inquisition verbrannten, ist unsere Medizin regelrecht auf Krawall gebürstet. Als die durch Kirche und Staat organisierte Hexenverfolgung nach 600 Jahren mit dem ausgehenden 18. Jahrhundert endlich endete, machte eine männlich dominierte Wissenschaft damit weiter, das Lebendige auf die Folterbank zu spannen und in immer kleinere Teile auseinanderzunehmen. Im ausgehenden 19. Jahrhundert begannen Louis Pasteur und Robert Koch, Mikroben zu verfolgen, um ihnen den Garaus zu machen. Das „kleine Leben" galt bestenfalls als überflüssig, vor allem als gesundheitsschädigend. Auf die damals entwickelte Angreifertheorie gehen die heutige Labormedizin und der massenhafte Einsatz von Tierversuchen zurück.

Ob in den Laboren der Mikrobenforscher oder auf den Schlachtfeldern zweier Weltkriege, ob kleines oder großes Leben: Der Feind musste ausgemerzt werden. Die Toten und Verletzten in den eigenen Reihen trieben eine Medizin voran, die immer bedenkenloser in die Körper eingreift und die heute vor der Herausforderung steht, Leben von vorneherein künstlich zu erschaffen. Dieser Verdrängung des natürlichen Lebens liegt ein Misstrauen zugrunde, das durch die Wissenschaft geschürt, durch die Medizin vorangetrieben und durch eine zunehmend lebensfeindliche Politik vollendet wird. An allen Fronten heißt es: Anti-Bios – gegen das Leben! [12]

UNTERBROCHENE KOMMUNIKATION

Um das Kämpfen am Laufen zu halten, ist unsere Welt in Gut und Böse eingeteilt. Wir stehen auf der Seite der Guten. Die anderen sind die Bösen. Die anderen sehen das genauso, nur andersherum. Dieses zutiefst spaltende Denken treibt uns immer weiter auseinander. Verbindungen werden unterbrochen, Freundschaften zerbrechen, Familien zerfallen. Im Homeoffice gibt es keine Kollegen mehr, mit denen man einen Kaffee trinken geht. Viele Menschen kennen ihre Nachbarn nicht mehr und leben immer vereinzelter in Wohnboxen und hinter Bildschirmen. Die Themen Terrorismus, Corona, Krieg in der Ukraine, Klimawandel, Migration, Gendermainstream und fruchtlose Debatten um „Unsere Demokratie" bringen uns immer weiter gegeneinander auf.

Die Verwirrung wächst. In einer zunehmend künstlichen Welt wissen wir nicht mehr, wo uns der Kopf steht. Mit der Erfindung der Guillotine wurden Köpfe wie am Fließband von Rümpfen getrennt. Hirn, Herz und Bauch wirken nicht mehr zusammen, und von Freiheit, Gleichheit und Brüderlichkeit können wir heute nicht einmal mehr träumen. Unsere Grundrechte sind den Coronajahren zum Opfer gefallen, und wie die Kontrollen an Flughäfen und in öffentlichen Gebäuden seit 2001 werden die Beschlüsse nicht mehr rückgängig gemacht. Unsere Gleichheit misst sich an der Wahl des Geschlechts, und von Brüderlichkeit kann in einem auf Konkurrenzkampf ausgerichteten System nicht die Rede sein.

Wer nicht der richtigen Meinung angehört, wird ausgeschlossen. Mit den zum Feind deklarierten Andersdenkenden wird nicht mehr gesprochen. Die Politik sorgt nicht dafür, dass alle Beteiligten sich an einen Tisch setzen und verhandeln, sondern hebt Gräben aus, errichtet Mauern, stärkt die Waffenindustrie und bereichert sich selbst. Unaufhörlich verbreitet sich dieser Krebs in der Gesellschaft. Immer mehr kapseln wir uns ein und ab. Die Blasen, die wir bilden, verlieren die Verbindung zum Ganzen und folgen eigenen Regeln. Wie Krebszellen verlieren wir die Fähigkeit, mit unserer Umgebung zu kommunizieren.

Krebszellen haben noch eine weitere Besonderheit: Sie wollen nicht sterben. Sie fügen sich nicht der Apoptose, dem natürlichen Selbstzerstörungsprogramm, das jeder gesunden Zelle innewohnt. Den Tod haben sie aus ihrem Leben in gewisser Weise ausgeklammert. So wie viele von uns. Der Tod gehört nicht zum Leben dazu. Wir wollen ihn nicht wahrhaben. Wie ein Affront erscheint es, unseren Körper eines Tages verlassen zu müssen. Die größte Beleidigung des Menschen scheint seine Sterblichkeit zu sein, und der größte Erfolg besteht darin, den Tod zu besiegen. So lassen diejenigen, die es sich leisten können, beliebig an ihren Körpern herumbasteln, kaufen sich in Überlebensbunker ein oder warten nach ihrem Tod tiefgefroren darauf, dass die Wissenschaft so weit ist, ihnen wenn schon nicht ewiges, so doch ein sehr langes Leben zu ermöglichen.

Von dieser Warte aus gesehen, ist Krieg nicht nur dazu da, Leben zu vernichten. In letzter Konsequenz ist er ein Mittel zu dem Zweck, sich das Leben sozusagen unter den Nagel zu reißen. Die Labore der Neuzeit, die Folter der Inquisition, das peinliche Inspizieren und Sezieren der gequälten Leiber, der Kampf gegen das kleine und das große Leben, Therapien, die Milliarden Menschen zu Versuchskaninchen machen – sie alle dienen dazu, es einigen wenigen zu ermöglichen, ihren vermeintlichen Anspruch auf ein ewiges Leben zu realisieren.

Doch der Nutzen der Kriege beschränkt sich nicht darauf, ein paar reichen und mächtigen Menschen zu noch mehr Reichtum und Macht zu verhelfen. Hinter den Plänen, Menschen in den Krieg zu schicken und die Zerstörung ihres Lebensraumes anzuordnen, steht nicht allein eine zerstörerische Absicht. Da sind nicht nur ein paar Verrückte am Werk, die drohen, den Planeten in die Luft zu sprengen. Hinter dem Kriegstreiben verbirgt sich der Kampf für etwas Gutes. Es geht um mehr Sicherheit, um mehr Gesundheit, mehr Demokratie, mehr Freiheit, mehr Klimaschutz. Hier machen die meisten bedenkenlos mit. Doch nicht sie werden davon profitieren. Sie sind nur das Kanonenfutter, das seine Energie dafür gibt, dass einige wenige gerade dabei sind, den Planeten allein für sich nutzbar zu machen.

AM ANFANG WAR DIE LÜGE

Die Vorstellung ist unerträglich, dass jene, die doch vermeintlich demokratisch gewählt wurden, nicht im Sinne des allgemeinen Wohls handeln. Wenn Vater Staat oder irgendeine anerkannte Autorität sich nicht um ihre Kinder sorgen, ist es so, als würde der eigene Vater, die eigene Mutter uns verraten. Wir haben ihnen vertraut! Unser Leben haben wir ihnen anvertraut! Alles haben wir sie für uns machen lassen! Wir haben uns von ihnen geschützt gefühlt, so sehr, dass wir heute praktisch nichts mehr selber machen können. So kann derjenige, der an den allgemein anerkannten Autoritäten rührt, nur das Schlimmste sein, was die Gesellschaft hervorbringt: ein Nazi, ein Antisemit, ein schlimmer Verbrecher.

Viele halten ebenso unbeirrt an der Vorstellung fest, dass „Vater Staat" es gut mit uns meint, wie an dem Gedanken, dass es „schon immer" Kriege gegeben hat. Der Mensch ist des Menschen Wolf, der durch die staatliche Autorität im Zaum gehalten werden muss. So ist es uns überliefert. So steht es geschrieben. So heißt es im Fernsehen. In der Schule lernen wir die Daten der Kriege der vergangenen Jahrtausende auswendig. Demnach scheint die Geschichte der Menschheit eine einzige Abfolge von Auseinandersetzungen, Schlachten und Scharmützeln zu sein. Frieden gibt es, wenn überhaupt, nur für kurze Zeit.

Auch das, was wir für einen langjährigen Frieden gehalten haben, erweist sich heute als Anlaufstrecke dafür, alte Feindbilder zu bemühen und erneut aufzurüsten. 80 Jahre hat der Waffenstillstand gehalten. Fast beglückwünschen wir uns, so lange „durchgehalten" zu haben. Nun ist es wieder soweit. Nun kommt es, wie es eben kommen muss, so, als müsste jetzt die Zeche bezahlt werden, der Lohn für ein paar unbeschwerte Jahre. Ein Gedanke, der uns erneut kriegsbereit macht, ist die seit Jahren verbreitete Idee, wir seien „zu viele" auf dem Planeten. Da kommen ein paar Millionen weniger gerade recht, wenn es nur die richtigen trifft. In der Ethik des Utilitarismus heiligt der gute Zweck auch die schlechten Mittel. Ist nicht der Mensch der erste

Feind des Planeten? Haben wir nicht so viel Unheil angerichtet, dass wir am besten so schnell wie möglich wieder verschwinden? Beziehungsweise die anderen? Man selbst will ja möglichst lange leben.

Wer so denkt, der hat sich komplett verirrt. Er kennt nicht die Zusammenhänge des Lebens, wonach das, was wir anderen Lebewesen antun, früher oder später zu uns zurückkommt. Er weiß nichts davon, dass das Leben heilig ist und jeder einzelne von uns unersetzlich. Ihm scheint es egal zu sein, wenn die eigenen Kinder, die eigenen Enkel von Maschinengewehren und Granaten zerfetzt werden. Es scheint ihn nicht zu interessieren, wenn Bomben fallen und Panzer rollen, wenn Familienmitglieder, Nachbarn, Freunde getötet werden, wenn Blut auf den Straßen rinnt und Hausruinen aus toten Augen glotzen. Denn er ist selber innerlich tot. Er hat vergessen, wie es ist, wenn eine Stadt von einer Feuersbrunst erfasst wird, wenn das Rippenfell vom Lungenfell getrennt wird und die Lunge zu einem faustgroßen Ball zusammenschnurrt, wenn Phosphor den Körper bis auf die Knochen verbrennt und alles um einen herum in Flammen aufgeht.[13]

Vergessen sind auch die Gräber, über die der Wind weht, die Protestsongs, die vor gar nicht so langer Zeit noch viel Applaus ernteten.[14] Sie sind mit der Jugend vergangen, während der man noch Ideale hatte, die die heutige Jugend nicht einmal mehr kennt. Alle zusammen glauben wir, dass uns der Krieg sozusagen mit in die Wiege gelegt worden ist. Doch welche Wiege war es? Waren es die Arme einer Mutter, die ihr Kind am eigenen Körper trägt, es nährt und wärmt? Oder war es die Wiege einer Zivilisation, die damit begann, dass nicht eine Frau ein Kind gebar, sondern ein alleinherrschender männlicher Gott künstliches Leben aus einer Rippe erschuf? Gab es eine Mutter aus Fleisch und Blut, oder war sie ein keusches, abgehobenes Ideal, das das Kind in eine Krippe ablegte? Gab es einen Vater, der alle

Kinder liebte, oder nur die gehorsamen? Stand Fürsorge im Zentrum oder Dominanz? Bestimmte Krieg das Leben oder Frieden?

ZWISCHEN MUTTER UND VATER

Ist es wirklich „schon immer" so gewesen, dass wir einander bekriegt haben? Oder haben wir unsere Lebenskraft einmal auf andere Weise ausgelebt? Wollten wir immer schon Besitz haben? Waren wir immer schon eifersüchtig, neidisch und gierig? Wollten wir immer schon andere ausbeuten und dominieren? Haben wir immer schon unsere Brüder erschlagen? Oder bezeugt der Mythos von Kain und Abel etwas bisher nicht Dagewesenes? Warum brauchte es zehn Gebote, aus denen im Laufe der Zeit unzählige Gesetze und Verbote geworden sind? Warum sollten wir keine anderen Götter haben als diesen einen da oben? Warum war dieser Gott so eifersüchtig, wenn er doch der einzige war? Warum wurde den Menschen die haarsträubende Geschichte von der Rippe erzählt, wenn doch jedes Kind weiß, wie Babys auf die Welt kommen?

Es ist unerheblich, ob wir an diese Geschichten glauben oder nicht. Die Zivilisation, der wir angehören, ist tief davon geprägt, dass Mord und Totschlag zum Menschen gehören wie das Amen in der Kirche. Wie ein Fluch haftet der Brudermord an uns und droht, der kurzen Geschichte der Menschheit, wonach wir ökologische Serienmörder und hackbare Tiere sind, schon demnächst ein Ende zu machen.[15] Doch ein wenig Zeit bleibt uns noch, diese kurze Geschichte im Zusammenhang mit einer größeren Geschichte zu sehen, die viel älter ist als die Erfindung des Monotheismus und die Idee, dass Männer über Frauen und die Welt herrschen sollen.

Erste Vertreter der Gattung Homo erschienen vor etwa 2,6 Millionen Jahren zu Beginn der Altsteinzeit. Vor etwa

300.000 Jahren entstand nach der Evolutionstheorie der Homo Sapiens, der Mensch, wie wir ihn heute kennen. Die gesamte Frühgeschichte der Menschheit wird als Steinzeit bezeichnet. Sie endete je nach Region etwa um 2200 vor Christus mit dem Aufkommen der Werkstoffe Kupfer und Bronze. Über zweieinhalb Millionen Jahre sollen wir auf Höhlenwänden herumgekritzelt haben, bevor dann alles ganz schnell ging und eine Hochkultur die andere jagte.

Bevor die Ereignisse schriftlich dokumentiert wurden, stützte man sich vor allem auf Objektfunde. Die Dreiecke aus Stein, die man überall fand, wurden gemeinhin als Speerspitzen oder Schaber interpretiert. Daraus wurde geschlossen, dass wir einander schon immer gejagt haben, raue, gewaltbereite „Primitive", die der Natur ihr Überleben abrangen. Der Gedanke, dass es sich bei den Dreiecken um etwas anderes gehandelt haben könnte, wird generell verworfen. Obwohl es laut der Historikerin und Matriarchatsforscherin Doris Wolf nicht mehr als zehn vorgeschichtliche Phalli gibt, wird die Annahme, dass es sich bei den Dreiecken um symbolhafte Abbildungen des weiblichen Geschlechts handelt, von einer immer noch männlich dominierten Wissenschaft verworfen.[16] Es darf einfach nichts anderes gegeben haben als patriarchal orientierte Gesellschaftsformen, in denen der Mann in allen nur erdenklichen Jagd-, Eroberungs- und Kriegsszenarien die Hauptrolle gespielt hat.

Wie bereits Doris Wolf kamen auch der Historiker Kai Michel und der Evolutionsbiologe Carel van Schaik in ihrem Sachbuch „Die Wahrheit über Eva" zu dem Schluss, dass es nicht schon immer Kriege gegeben hat. 98 Prozent der Menschheitsgeschichte sind, so das Autorenduo, friedlich verlaufen.[17] Die Menschen lebten in matriarchal orientierten Gesellschaften, in denen die Fürsorge im Mittelpunkt stand und die Frauen für ihre Gebärkraft verehrt wurden. Herrschaft der einen über die anderen gab es nicht – und demnach auch keine Kriege und Eroberungen. Die Menschen strebten nicht danach, einander zu erniedrigen. Sie machten gemeinsame Sache.

Vor etwa 6.000 Jahren begannen die Dinge, sich grundlegend zu verändern. Die Menschen waren sesshaft geworden und begannen, ihren Besitz zu verteidigen. Schon für die damalige Zeit wird das Argument angeführt, es habe zu wenig Platz für alle gegeben und es sei sozusagen zu eng auf der Erde geworden. Die Männer hatten das Metall für sich entdeckt und gelernt, Waffen zu schmieden. Erste Staaten wurden gegründet, deren Grenzen durch Eroberungsfeldzüge und Kriege verteidigt und ausgedehnt wurden. Die Vaterschaft war entdeckt worden. Nachdem es bisher die Frauen gewesen waren, die für ihre Schöpferkraft verehrt wurden, sollten die Menschen nun einen übermächtigen Vatergott anbeten.

So standen sich Frauen und Männer nicht mehr gleichberechtigt gegenüber. Immer mehr fielen die Menschen aus dem Gleichgewicht und entfernten sich aus ihrer Mitte. Mit ihnen fiel auch die Welt immer mehr ins Ungleichgewicht. Die Gegenpole ergänzten sich nicht mehr, sondern begannen, sich zu verschieben und gegenseitig auszuschließen. Aus einer polaren wurde eine duale Welt, die ihren perversesten Ausdruck heute darin findet, Frieden durch Krieg herbeiführen zu wollen.

SCHÖPFERKRAFT

Um aus dieser ver-rückten Welt auszusteigen, braucht es zunächst das Erkennen des Problems. Was nicht gesehen wird, kann nicht gelöst werden. Es braucht das Erinnern daran, dass es einmal anders war. Wir können anders miteinander leben als in einem unaufhörlichen Konkurrenzkampf, in dem wir uns gegenseitig ausbeuten, unterdrücken und bekriegen. Wir konnten es und wir können es wieder. Nicht der Krieg ist der Vater aller Dinge. Die Liebe ist die Mutter des Lebens.

Heilung beginnt, wenn wir wieder ins Gespräch und die Dinge wieder in Fluss kommen. Die Verdrehungen und Knoten können sich auflösen. Ein neues Gleichgewicht kann gefunden werden. Frauen und Männer können einander erneut auf Augenhöhe begegnen und Vertrauen zueinander finden.[18] Die Menschen können wieder Brüder werden. Keine, die sich gegenseitig erschlagen, sondern Mitglieder einer großen Menschheitsfamilie, die sich darüber bewusst sind, dass es auf jeden einzelnen von uns ankommt. Jeder gehört dazu in dem großen Mosaik, das wir zusammen bilden. Jeder von uns, so erzählt es ein Schöpfungsmythos der Sufis, hält ein Stück des Spiegels der Wahrheit in der Hand, das es braucht, um die große Wahrheit zu erkennen.

Wir sind nicht zu viele. Nicht acht Milliarden Menschen sind ein Problem für den Planeten, sondern das kapitalistische Ausbeutungssystem, in das wir hineingezwungen wurden. Wir sind nicht schlecht. Jeder, der ein Neugeborenes in den Armen hält, kann das spüren. Wir sind zu Wölfen geworden, weil wir zu ihnen gemacht wurden. Zu Tieren hat man uns degradiert, zu verbesserten Affen, die die Technologie heute zu ersetzen sucht. Wir haben es geschehen lassen. Wir haben an unsere Ohnmacht geglaubt, an unsere Schlechtigkeit, unsere Mangelhaftigkeit. Wo Fülle ist, haben wir Mangel gesehen, wo allumfassende Liebe ist, die Enge der Angst.

Wir sind nicht schlecht. Wir sind krank. So krank, dass es heute kaum noch gesunde Menschen gibt. Doch Krankes kann heilen, wenn wir ihm die Möglichkeit dazu geben und auf die Selbstheilungskräfte lebendiger Organismen vertrauen. Für den Heilprozess, der hier gemeint ist, braucht es keine Armeen von Spezialisten, keine Götter in Weiß, keinen Gott irgendwo da oben. Es braucht uns. Auf uns kommt es an. Nicht an den Dingen müssen wir herumdoktern. Nicht die Welt müssen wir verändern. Die Dinge werden sich von selbst ändern, wenn wir beginnen, wieder heile zu werden.

Alles, was wir brauchen, damit Frieden in die Welt kommt, haben wir jetzt, in diesem Augenblick, zur Verfügung. Wir müssen uns nicht bis ans andere Ende der Welt aufmachen. Frieden muss nicht erobert oder irgendwie erkämpft werden. Er verbreitet sich, wenn wir Frieden mit uns selbst schließen, wenn wir endlich damit aufhören, uns entweder zu erniedrigen oder zu erhöhen und nicht die zu sein, die wir eigentlich sind: mächtige Schöpferwesen, die die Möglichkeit haben, in jedem Augenblick ihres Lebens die Welt nach ihrem Ebenbilde zu gestalten.

Gott ist nicht irgendeine Macht da draußen. Es ist die Macht in uns. „Ich bin einfach göttlich" lautet der Titel eines Buches von Ingrid Rasselenberg, die in Mathematik und Zahlen die elementare Intelligenz des göttlich-schöpferischen Bewusstseins erkennt.[19] Alles, was wir im Außen wahrnehmen, hat sich zunächst im Innen entwickelt. Was auch immer uns begegnet: Es hat mit uns zu tun. Doch nicht als Angreifer kommen die Ereignisse daher, sondern als Information: Schau hin. Hör zu. Stoße es nicht von dir, sondern nimm es an und integriere es.

Das hat mich der Krebs gelehrt. Er war nicht mein Feind. Mein Körper war nicht gegen mich. Die Krebszellen waren nicht böse. Das Symptom wollte mir etwas sagen. Das war es. Ich habe die Tür geöffnet. So konnte sich das, was sich in mir verknotet hatte, lösen. Ich konnte gesund werden. Ich habe das Blei nicht weggeworfen, sondern ziehe Schicht für Schicht von dem Dunklen und Schweren in mir ab, bis das Gold zum Vorschein kommt. Kein materieller Reichtum ist hier gemeint, sondern das Freilegen eines inneren Lichtes, das in jedem von uns brennt. Das haben die vergessen, die sich darangemacht haben, sich die Erde und alles Lebendige zu unterwerfen, die ewig Hungrigen, die nie genug bekommen und dem Leben misstrauen, die, die sich von der Angst haben erfassen lassen, wieder zu verlieren, was sie meinen zu besitzen. Es sind die, die sich dem Zyklus nicht mehr anvertrauen wollen und sich einem Fortschritt verschrieben haben, der in Wirklichkeit ein Rückschritt ist, weil es eben nur die Technik ist, die immer weiterentwickelt wird, während der Mensch verkümmert.

Wie viel Angst muss jemand haben, der nach der Macht über den gesamten Planeten greift? Wie ohnmächtig muss der sich fühlen, der seine innere Leere mit fremder Energie versucht zu kompensieren? Wie weit ist er entfernt von dem Wissen um das innere Licht, das es auch in ihm gibt? Als der Mensch das Metall entdeckte, suchte er dieses Licht nicht mehr in sich selbst, sondern im Außen. Als etwa 3.000 vor Christus erste Spiegel hergestellt wurden, in denen die Menschen sich selbst betrachten konnten, sahen sie sich verzerrt. In dem Versuch, sich selbst zu schmeicheln, projizierten sie auf andere, was sie in sich nicht sehen wollten. So war das Tor geöffnet, das ursprüngliche Paradies zu verlassen und in den Krieg zu ziehen.

Als die Schlange Eva den Apfel reichte, war es bereits zu spät. Aus dem heiligen Schöpfertier war bereits das Böse geworden und aus dem Symbol der Liebe ein Abbild der Sünde. „Erkenne dich selbst“ mahnte das Orakel in Delphi. Doch der Mensch konnte nicht mehr sehen, wer er wirklich ist: ein göttliches Schöpferwesen, von Natur aus dazu befähigt, Welten und Wirklichkeiten nach seinem Bilde zu erschaffen. Er war hinter den Vorhang des Vergessens gefallen. Das Paradies lag hinter ihm. Er hatte ihm den Rücken zugekehrt und konnte es nicht mehr sehen.

Er kann es wiederfinden. Hierzu braucht es eine erneute Drehung, eine große Wende. Der Mensch muss die Höhle aus dem platonischen Gleichnis verlassen, den Vorführungsraum, in dem Jahrtausende lang Kriegsfilme an die Wände projiziert wurden. Er muss sich das nicht länger ansehen. Er kann einfach rausgehen, dorthin, wo das echte Licht ist: die Sonne. Hier kann er die Projektionen, die Verdrehungen und Verzerrungen als solche erkennen. Hier können sie sich auflösen. Hier erkennt er, dass die ursprüngliche Kraft nicht verloren ist. Gebadet im Licht einer aufgehenden Sonne spürt er in jeder Faser seines Körpers die Macht in sich, von diesem Moment an eine friedliche Welt aufbauen zu können, in der jeder sich selbst im anderen erkennt.

Die anderen sind die wahren Spiegel, die uns vorgesetzt werden. Unser Gegenüber reflektiert unser eigenes Verhalten. Das ist die unbequeme Wahrheit, die es zu entdecken gilt. Doch ein bisschen weniger Bequemlichkeit sollte uns eine friedliche Welt schon wert sein. Auf den Komfort, den uns das moderne Leben bietet, müssen wir dabei nicht verzichten. Wir müssen nicht in die Höhlen der Steinzeit zurück. Wir müssen nur damit aufhören, das was wir in uns nicht haben wollen, weiterhin auf die anderen abzuladen und damit den Krieg zu legitimieren. Dafür wird es richtig spannend. Denn wir bekommen es sozusagen mit uns selbst zu tun und haben nun die Gelegenheit, aus einem Kriegsfilm eine echte Liebesgeschichte zu machen.

RÜCKKEHR ZUR „EHRFURCHT VOR DEM LEBEN“

MAG. ORTWIN ROSNER

Über die geistigen Vorbedingungen der „Kriegstüchtigkeit“: Warum unser Verhältnis zu den Dingen der Welt ein grundlegend anderes werden muss und sonst nie dauerhafter Frieden einkehren kann.

„Immer wenn ein Mensch stirbt, stirbt ein Bewusstsein. Man muss sich das einmal vor Augen halten.“ – Diese Bemerkung kam aus dem Munde eines Geschichtslehrers, der uns (eine österreichische Schulklasse Anfang der 80er-Jahre) gerade vom Ersten Weltkrieg erzählt hatte und uns mit diesen Worten den Schrecken des Krieges überhaupt ausmalte, das grausame Schicksal der jungen gefallenen Soldaten. Woher er den Gedanken hatte, ob er ihn seinerseits irgendwo aufgeschnappt hatte oder ob er ihn im Laufe seiner Rede spontan aus seiner eigenen Seele gehoben hatte, das weiß ich nicht. Ist es denn überhaupt ein sonderlich origineller Gedanke, könnte man fragen, ist diese Aussage im Grunde nicht trivial? Warum soll man sich das „vor Augen halten“?

Doch wie es mit scheinbar trivialen Aussagen oft so ist, es hängt von dem Blick ab, welchen man darauf wirft, ob sie einem banal vorkommen oder ob nicht doch eine tiefe, fast unergründliche Weisheit aus ihnen spricht. Der Satz „Alle Menschen sind sterblich“ etwa scheint einerseits bloß eine Selbstverständlichkeit auszudrücken und gar nichts Besonderes zu besagen, nichts, was nicht jeder weiß. Sich bewusst zu machen, was er bedeutet, in seiner ganzen Tragweite, ist andererseits jedoch eine wahre Herausforderung. Hier beginnt die Philosophie. Und hier beginnt auch die Moral.[20]

Und hier beginnt daher auch der Widerstand gegen den Krieg und das organisierte Töten. Eins nämlich spiegelt sich in unserem Verständnis von Krieg und Frieden zualllererst wider: Unser Verhältnis zu Leben und Tod.

Denn das Morden beginnt viel früher. Es beginnt, noch ehe der Krieg selbst begonnen hat. Es ist ein geistiges Verbrechen, was dem Krieg zugrunde liegt, die physischen Taten sind nur eine Folgeerscheinung. Der Krieg steckt in unserer Zivilisation. Im Morden des Krieges drückt sich eine schrankenlos gewordene instrumentelle Vernunft aus, eine die ganze Erde bis in den letzten Winkel beherrschende Zweck-Mittel-Rationalität, ein Utilitarismus, der alle Dinge zusehends auf ihren bloßen Warencharakter reduziert, es aber nicht mehr in Betracht zieht, dass eine Existenz einen Wert bloß für sich selbst haben könnte. Es handelt sich um eine Art Moral, die gleichzeitig eine völlige Unmoral darstellt, denn sie besagt, dass dieser oder jener bestimmte Zweck – worin immer er auch konkret bestehen mag – die entsetzlichsten Mittel und Wege heiligt, und zwar, und darin liegt das eigentliche Verbrechen, so sehr heiligt, dass er in letzter Konsequenz sogar mehr wiegt als das, was uns doch im Grunde das Allerheiligste sein sollte: das Leben; sodass wir bereit sind, es zu beschädigen und auszulöschen, damit wir an unser Ziel gelangen.

DIE GEISTIGEN GRUNDLAGEN DES KRIEGS

Diese obskure Ethik, die, so behaupte ich, unsere moderne Welt beherrscht und die im Krieg bloß kulminiert, spiegelt nicht Ehrfurcht vor dem Leben wider, sondern das glatte Gegenteil davon: eine tiefe Verachtung für das Leben. Als Ethik des Krieges verhöhnt sie die, die sie in den Tod schickt, gerade dann am allermeisten, wenn sie ihnen scheinbar die Ehre erweist, indem sie sie als „Helden“ feiert. Ist dies doch lediglich eine gehobene Ausdrucksweise dafür, dass sie deren Existenz auf ein bloßes Mittel zur Erreichung eines vorgegebenen Zwecks reduziert, das heißt, sie als eigenständige Lebewesen negiert und zum Objekt erniedrigt. Man schüttelt heutzutage den Kopf über die Kultur der Azteken, welche glaubten, es wäre notwendig, ab und zu einem gefangenen Krieger, einem Sklaven, einer Frau oder einem wehrlosen Kind das Herz herauszuschneiden, damit die Sonne nicht aus ihrer Bahn falle. Man nimmt dies als Beweis für die Primitivität, Grausamkeit und geistige Rückständigkeit dieses Volkes. Aber bewegt man sich weniger in grausamen mythisch-archaischen Denkformen, wenn man jahrelang systematisch Friedensverhandlungen verhindert und dadurch schätzungsweise eine halbe Million ukrainische Soldaten auf dem Schlachtfeld sterben lässt, weil, wie es heißt, andernfalls der Westen unterginge und daher nur ein Sieg über Russland in Betracht käme – und das, obwohl, wie man ganz genau wissen müsste, dieser gar nicht möglich ist?

Der Krieg jedoch ist die Eskalation von etwas, was immer schon da ist. Lange bevor der Krieg anfängt, ist er bereits dagewesen, hat er sich in unserer Kultur vorbereitet, in Form einer maßlosen Unterwerfung und Ausbeutung alles Lebendigen, wie es selbstverständlicher Alltag in unserer Gesellschaft geworden ist. Dies nimmt Gestalt an in einem rein nur mehr auf Instrumentalisierung, Effizienz und Profiterwerb ausgerichteten Umgang mit den Dingen, denen wir keine davon eigenständige, unabhängige und darüber hinausgehende Bestimmung mehr zugestehen, darin, wie wir allmählich den letzten Rest von unberührter Wildnis auf dem Planeten beseitigen und die ganze Welt – inklusive der auf ihr existierenden Fauna und Flora – als bloße Material- und Energieressource für die Erzeugung von Gegenständen unserer künstlichen Produktlandschaften betrachten. Die fanatische Unterwerfung des gesamten Daseins unter die Axiomatik von finanziellem Gewinn, Konsum, gesellschaftlichem Erfolg und technologischem Fortschritt findet im Krieg nur ihre logische Vollendung, indem in ihm diese Maschinerie auf ihre eigentliche Essenz reduziert wird: auf die Unterwerfung des Lebens unter den Tod.[21]

Denn was der Mensch der Natur antut, das tut auch der Mensch dem Menschen an. In Gegenseitigkeit, aber auch jeder einzelne sich selbst. Etwas von diesem Zusammenhang hat man in den 80er-Jahren gewusst, als die deutsche Linke noch die „Dialektik der Aufklärung“ zum Leitstern hatte und als die Grünen gerade dabei waren, die Friedens- und die Ökologiebewegung miteinander zu verknüpfen.[22]

Unser Alltag ist bereits mordend, sonst könnte nicht aus ihm der Krieg entstehen, sonst wäre uns das Morden fremd. Vieles muss schließlich in einer Kultur vorausgesetzt und bereits gegeben sein, damit ihre Mitglieder in den Krieg ziehen oder andere dorthin schicken können, damit sie an seinen Segen glauben, damit sie bereit sind, dieses oder jenes Ziel so wichtig zu nehmen, dass sie sagen: Das ist uns all die Toten, Verwundeten, all die Leichen und all die Leiden wert, dafür lohnt es sich, ganze Städte und weite Zonen unseres Planeten in Trümmer zu legen. Man muss vor allem in einem Übung erlangt haben: in einer bestimmten unbeirrbaren Art des technokratischen Denkens, in einer bestimmten Art des Rechnens insbesondere. Der amerikanischen Politikerin Madeleine Albright, die später auch US-Außenministerin wurde, ist 1996 diese Wahrheit herausgerutscht, als sie bei einem Fernsehauftritt zu den Auswirkungen der drakonischen Wirtschaftssanktionen gegen den Irak befragt wurde. Eine halbe Million irakischer Kinder seien an den Folgen der US-Sanktionen gestorben, ob sie denke, dass es diesen Preis wert sei, wurde sie gefragt. Und es entfuhr ihr die Antwort: „Es ist den Preis wert!“[23] Eine Antwort, die sie später als einen „Fehler“ betrachtete (die Antwort wohlgemerkt; nicht etwa die Tat), aber eine unverhofft ehrliche Antwort, denn sie brachte damit den *Tauschhandel des Krieges* (und ein *jeder* Krieg ist letztlich solch ein Tauschhandel!) lapidar auf den Punkt: Das erreichte Ziel zählt mehr als Menschenleben, zählt auch mehr als das Leben von 500 000 Kindern.

Diese sind nicht mehr als nebensächliche Faktoren in einer kühlen Kosten-Nutzen-Rechnung. Wir hingegen aber, als Menschen, welche nicht bloß wie Computer und Maschinen funktionieren, sondern eigenständig denkende Vernunftwesen sein wollen, wir sollten uns die Frage stellen, ob „es" (was auch immer damit gemeint ist) selbst nur das Leben eines *einzigen* Kindes wert gewesen sein kann und ob die Medienvertreterin, die hier die Frage an Albright gestellt hat, sollte sie sie ernst gemeint haben, nicht schon dadurch, dass sie darin überhaupt die Möglichkeit einer Aufrechnung in Betracht gezogen hat, gegen alles verstoßen hat, was in der abendländischen moralphilosophischen Tradition seit Immanuel Kant als Grundprinzip gilt. Niemals darf man, so sagt Kant, den anderen Menschen als bloßes Mittel zur Erlangung eines Zwecks ansehen.[24]

BEWUSSTSEINSINDUSTRIE

Im Krieg spielt sich das schlimmste Versagen der Menschheit ab. Diese zu Beginn des 21. Jahrhunderts in die Hinterzimmer unseres Bewusstseins verdrängte Einsicht spiegelt sich in den großen pazifistischen Texten der Vergangenheit seit der „Klage des Friedens" des Erasmus von Rotterdam[25] und Kants Schrift „Zum ewigen Frieden" genauso wider wie in den Stellungnahmen und Aktionen vieler, welche sich im Laufe des 20. Jahrhunderts auf die Spuren von Henry David Thoreau und Mahatma Gandhi begeben haben, sich für das Recht auf Wehrdienstverweigerung engagiert und den gewaltfreien zivilen Ungehorsam gepredigt haben. So banal kann die eingangs vorgelegte Aussage unseres Geschichtslehrers aus den 80er-Jahren dabei übrigens doch nicht gewesen sein, drückt sich schließlich darin ein inzwischen verloren gegangener spezifischer humanistischer Geist auf eine solche Weise aus, dass heutzutage nicht mehr davon ausgegangen werden kann, dass ihr Sinn allgemein verständlich wäre, während damals seine intuitive Erfassbarkeit grundsätzlich vorausgesetzt werden konnte. Jedenfalls steht der darin enthaltene Appell quer zum engen Inventar an Stehsätzen und Phrasen, welche heute den öffentlichen Diskurs maßgeblich bestimmen, und die Chance, dass in der Gegenwart ein Lehrer oder eine Lehrerin dergleichen ausspricht, mutet eher gering an. Der Fokus unseres Bewusstseins liegt heute, im Jahr 2025, entschieden ganz woanders als in den 60er-, 70er- und auch noch 80er-Jahren des 20. Jahrhunderts.

Es wäre eine interessante Frage, inwieweit dabei die Beeinflussung durch die Medien eine Rolle spielt, denn schließlich sind sie es, die maßgeblich bestimmen, was wir in unserem Bewusstsein tragen, und das, was aus Fernsehen und Radio kommt sowie in den Zeitungen steht, unterscheidet sich heutzutage grundlegend von dem geistigen Material, mit dem wir damals gefüttert wurden, ganz abgesehen davon, dass wir es mittlerweile auch mit dem Internet zu tun haben. Hinzu kommen massive Umwälzungen des Bildungssystems, oder um es deutlicher zu sagen: ein drastischer Verlust an Bildung und insbesondere an der mittlerweile gar nicht mehr sonderlich erwünschten Fähigkeit, eigenständig zu reflektieren, ein Umstand, der zur fortwährenden Wiederholung vorgegebener Sprach-, Denk- und Gefühlsmuster führt, gekoppelt mit einem gleichzeitigen Überfluss an jederzeit elektronisch abrufbaren Informationen. Das, was man einmal „Humanismus“ genannt hat, ist im Schwinden begriffen, und das, was wir früher einmal „Bildung“ genannt haben, wurde dementsprechend durch etwas ersetzt, was ich „Bewusstseinsindustrie“ nennen möchte.

Die Entwicklung hin zum bellizistischen Bewusstsein war jedenfalls schleichend, es war nicht plötzlich, mit einem

Schlag, im Februar 2022 vorhanden, die Veränderung vollzog sich vielmehr allmählich. Das öffentliche Bewusstsein hat sich langsam wie beharrlich während der vergangenen Jahrzehnte um 180 Grad gedreht. Denn es ist ein weiter Weg von der allgemeinen pazifistischen Grundstimmung der 70er- und 80er-Jahre über die Gutheißung des NATO-Angriffs auf Rest-Jugoslawien im Frühjahr 1999 und dem von 9/11 ausgelösten weltweit geführten *War on Terror* der USA bis zu dem Punkt, an dem wir inzwischen angelangt sind und an dem Friedensdemonstranten von führenden Meinungsmachern so ohne Weiteres beispielsweise als „Lumpenpazifisten" bezeichnet werden und eine einst allgemein hochverehrte Persönlichkeit wie Gandhi plötzlich als „Knalltüte" tituliert wird.[26]

Man darf allerdings nicht, dies sei eingeschoben, den Fehler machen zu glauben, diese allmähliche Veränderung der von den Medien erzeugten öffentlichen Bewusstseinslandschaft habe sich gleichsam von selbst ereignet. Die zunehmende Einflussnahme politischer Machtapparate auf journalistische Inhalte via Nachrichten- und PR-Agenturen und sogar auf Hollywood-Produktionen, die Vernetzung des militärisch-industriellen Komplexes (MIK) mit der Kulturindustrie und Medieneliten ist wohldokumentiert und von solcher Bedeutsamkeit, dass manche es mittlerweile vorziehen, vom „Militärisch-Industriell-Kommunikativen Komplex" (MIKK) zu sprechen.[27] Was wir heute in der Zeitung lesen, wurde gestern möglicherweise von der AP (die in New York ansässige Associated Press gehört neben der britischen Reuters und der französischen AFP – Agence France Press – zu den drei den globalen Nachrichtenmarkt beherrschenden Agenturen) in Umlauf gesetzt, und diese musste dabei höchstwahrscheinlich den von den US-amerikanischen Regierungsbehörden vorgegebenen Narrativen folgen.[28] Dass man dabei zuerst an den einzelnen kleinen namenlosen ukrainischen oder russischen Soldaten denkt und darum an eine Beendigung des

Krieges, kommt dabei nicht mehr vor, sondern nur all das, was ihn legitimiert.

DAS MILLIONENFACHE AZTEKENOPFER

„Immer wenn ein Mensch stirbt, stirbt ein Bewusstsein. Man muss sich das einmal vor Augen halten."

Kommen wir auf diesen Satz meines Geschichtslehrers wieder zurück. Die Unmöglichkeit, sich das vor Augen zu halten, wenn es sich nicht um einen einzigen Menschen, sondern, wie im Krieg, um *Hunderttausende* oder *Millionen* Tote handelt, und ihrer überhaupt auf angemessene Weise zu gedenken, bildete den wesentlichen Angelpunkt der Anti-Kriegs-Betrachtungen des Philosophen Günther Anders: „Und versuche einer einmal, das Bild von Millionen heraufzubeschwören. Von Millionen von Toten."[29]

Albright bejaht die Frage, ob „es" (was auch immer) das wert gewesen sei, nämlich das Leben einer halben Million Kinder zu opfern. Eine halbe Million – eine Zahl, die von der Interviewerin einfach so dahingesagt wird, eben nur eine Zahl – abstrakt, wie Zahlen nun einmal abstrakt sind, was Technokraten allerdings nicht daran hindert zu glauben, mit ihnen ließe sich die Wirklichkeit objektiv darstellen, während sie tatsächlich die grausame Wirklichkeit eher verdecken als zeigen.

Mit Zahlen hat Anders sich nicht zufriedengegeben.[30] Ende der 50er-Jahre hat er das Atomopfer-Hospital in Hiroshima besucht, sich die verstümmelten und dem Tode geweihten Kranken leibhaftig angesehen und mit Betroffenheit ihren Erzählungen und Berichten gelauscht, um wenigstens halbwegs eine Vorstellung vom Grauen zu erhalten, und er hat darüber geschrieben, um die Erinnerung daran wachzuhalten. Etwas, woran der für den Atombombenabwurf oberste Verantwortliche, US-Präsident Harry Truman, kein Interesse hatte, der stattdessen aus ferner Distanz verlautbarte, er empfinde keine „pangs of conscience" – ihn plage nicht das schlechte Gewissen.[31] Ein Bruder Albrights im Geiste, welche gleichfalls nicht auf die Idee gekommen wäre, in den Irak zu reisen, um die Opfer ihrer Politik und deren Hinterbliebene persönlich aufzusuchen und dabei vielleicht gar so etwas wie Reue zu empfinden. „Es" (was auch immer) war auch ihm ein paar hunderttausend Menschenleben wert, die in diesem Fall sogar *mit einem Schlag* vernichtet worden sind.

Auf der Rückreise aus Japan, so berichtet Anders,[32] sitzt neben ihm im Flugzeug ein Mann, der ihm nachdrücklich erklärt, warum das alles notwendig sei: Der atomare Schrecken, die Bedrohung. Der Mann rechtfertigt dies alles mit einem Argument, das uns Heutigen nach wie vor bekannt vorkommen könnte: Es gehe um die Verteidigung der „freien Welt". Sie müsse gegen die Bedrohung durch den *Totalitarismus* geschützt werden – und da sei der Tod nicht das Schrecklichste.[33] Dies also wäre demnach jenes ominöse „Es", das alle diese Preise wert sein sollte, all die Toten und Verstümmelten. Dies wäre also jener über allem Übrigen stehende Zweck, dem wir das Aztekenopfer zu bringen hätten und der alle Mittel heiligen solle, mehr wert als das Leben.

Anders erwidert seinem Gegenüber, „daß es absurd ist, die Freiheit dadurch retten zu wollen, daß man die eine Spielart des Totalitarismus gegen die andere mobilisiert"[34]. Wäre jedoch nicht gegen Albright etwas Ähnliches einzuwenden? Ist es denn nicht totalitaristisch, wenn man glaubt, es sei in Ordnung, eine halbe Million Kinder zu opfern für das Erreichen seiner politischen Ziele? Und ist es denn nicht totalitaristisch, wenn man ein Land wie die Ukraine für die Verteidigung westlicher Werte in den Untergang schickt und jeden, der Einspruch dagegen erhebt, als „Putinversteher" brandmarkt – wenn man also die Freiheit gerade dadurch verteidigt, dass man den Menschen die Freiheit (und darüber hinaus auch gleich noch ihr Leben) nimmt?

DAS MASCHINENHERZ

Sowohl der Theologe und Mediziner Albert Schweitzer – welcher den meinem Aufsatz den Titel gebenden Begriff der *Ehrfurcht vor dem Leben* entworfen und ihn als einzig taugliche Grundlage einer wahren Ethik angesehen hat[35] – als auch Günther Anders haben in der *Maschine*, das heißt, in unserem Verhältnis zur Technik, einen entscheidenden Schlüssel zum Verständnis der moralischen Probleme der modernen Kriegsführung gesehen.[36] Die Fernwirkung der modernen Waffen sei es, die es bewirke, dass unser Gewissen nicht beunruhigt werde, wenn wir töten, verstümmeln und verletzen, denn wir seien mit dem Leiden und Sterben des anderen Menschen nicht unmittelbar konfrontiert.[37] Eine anschauliche Bestätigung erfuhr diese These jüngst durch die Schilderung des britischen Königssohns Harry, welcher ohne Anzeichen von Reue davon berichtete, als Soldat in Afghanistan von seinem Kampfhubschrauber aus 25 Menschen umgebracht zu haben. Der Grund dafür, dass er dies so einfach, ohne widerstrebende innere Regung, tun konnte: Sie seien für ihn bloße „Schachfiguren" gewesen. „Du kannst niemandem wehtun, wenn du sie als Menschen siehst", erklärt er diesen Umstand. Und ohnehin habe er sie bloß als *bad guys* wahrgenommen, die er zu eliminieren habe, bevor sie *good guys* ermorden.[38]

Diese Sichtweise sei ihm während seiner militärischen Ausbildung beigebracht worden, legt er weiters dar. Anschaulicher als durch die Aussagen Harrys kann man wohl nicht vor Augen geführt bekommen, wie Kriegspropaganda und militärische Erziehung funktionieren: nämlich indem sie den Gegner *entmenschlichen* und zum bloßen *Objekt*, zu einem *Gegenstand* oder *Ding* herabsetzen. Erschütternd ist es allerdings allemal, dass der Prinz nicht einmal in der Rückschau, aus einer zeitlichen Distanz von ungefähr doch immerhin zehn Jahren, in der Lage zu sein scheint, darüber ein wenig tiefergehend zu reflektieren und die geistigen Prinzipien, denen er im Krieg gefolgt ist, infrage zu stellen. Das kann er vielleicht aber gar nicht: Denn dann müsste er sich plötzlich eingestehen, dass er ein Massenmörder ist.

Die Gegenfigur zu Harry stellt Claude Eatherly[39] dar – eine tragische Gestalt, die, anders als der Regenbogenpresse-Prinz, inzwischen aus unserem kollektiven Gedächtnis getilgt worden ist, und das nicht grundlos: Sie will gar nicht zu unseren hübschen Erzählungen des glorreichen Westens passen. Eatherly war ein junger US-Pilot, als er den Befehl bekam, sich am ersten militärischen Einsatz einer Atombombe zu beteiligen, der über der japanischen Stadt Hiroshima am 6. August 1945 stattfand. Das Ergebnis kennen wir: Durch einen einzigen Knopfdruck wurden mit einem Schlag ungefähr 200 000 Menschenleben vernichtet. Eatherly warf die Bombe zwar nicht selbst ab, aber er kommandierte das Führungsflugzeug und gab das entscheidende Signal für den Abwurf. Anders als beim Mitglied der britischen Königsfamilie begann in seinem Fall jedoch danach das Gewissen zu arbeiten: Er verstand, dass *er* nun ein Massenmörder war.

Und er zerbrach daran beinahe. Und – bekam Schwierigkeiten mit der Gesellschaft: Denn die US-Politik brauchte ihre Helden. Einen Soldaten aber, der, anstatt sich als Held zu fühlen, in aller Öffentlichkeit seine Tat bitter bereute, den konnte sie nicht gebrauchen.[40] Als Eatherly die Öffentlichkeit darauf aufmerksam machen wollte, dass hier ein Verbrechen geschehen war, steckte man ihn für viele Jahre in eine psychiatrische Anstalt. Manches an seinem Schicksal erinnert an den Fall Julian Assange. Das ist das, was passiert, wenn einer wirklich ein Gewissen hat.

Was ist aber mit den anderen, mit der Mehrheit der Soldaten, mit denen, welche keines zu haben scheinen? Was mit jenen politischen Machthabern, die keines zu haben scheinen?

Albert Schweitzer gibt in seinen Schriften die Erzählung von der Begegnung eines Schülers des Konfuzius mit einem Gärtner wieder, der, anstatt sich seine beschwerliche Arbeit dadurch zu erleichtern, dass er sich das Prinzip des Ziehbrunnens zunutze macht, lieber jedes Mal persönlich hinunter zum Wasser steigt und es selbst hinaufträgt. „Wenn einer Maschinen benützt, so betreibt er alle seine Geschäfte maschinenmäßig; wer seine Geschäfte maschinenmäßig betreibt, der bekommt ein Maschinenherz; wer aber ein Maschinenherz in der Brust hat, dem geht die reine Einfalt verloren“[41], legt der Gärtner dem Schüler des Konfuzius dar und begründet so seine Weigerung.

Albright, Truman, Prinz Harry, die Soldaten, die heutigen Politiker ... sie sind solche Wesen mit Maschinenherz. Sie sitzen an und in Maschinen und bedienen sie. Andere Menschen, denen sie befehlen und mit denen sie umgehen, sind für sie ebenfalls bloß Gerätschaften, nicht mehr. Das heißt: Sie verwenden sie so, wie sie sie für ihre Zwecke brauchen. Und das hat sie am Ende selbst zu Maschinen werden lassen.

KRIEG ALS ARBEIT UND DER TOD ALS WARE

Denn zum einen gibt es einen weiteren Einwand gegen die Argumentation einer Albright oder auch des Sitznachbarn von Günther Anders im Flugzeug, einen Einwand, den wir noch gar nicht erwähnt haben: Nämlich den, dass sie – und das gilt auch für alle heutigen Politiker und Meinungsmacher, welche Aufrüstung und Krieg befürworten –, wenn sie von einem „Preis“ sprechen, der es wert wäre bezahlt zu werden, oder wenn sie von „Opfern“ sprechen, die wir alle bringen müssten, dabei übergehen, dass doch nicht sie selbst es sind, diesen Preis bezahlen, sondern dass es immer andere sind, die ihn für sie bezahlen.[42]

Eine halbe Million irakischer Kinder sind ums Leben gekommen, einer Albright selbst hingegen ist nicht nur kein Leid geschehen, sie war überhaupt nie in Gefahr. Mehr als eine halbe Million Ukrainer sind gefallen, jenen Politikern und Alphajournalisten, die den Krieg von ihrem Schreibtisch aus dirigiert und ihn für „notwendig" erklärt haben, sind fernab jeder Bedrohung. Für den Tod der Kinder im Gazastreifen gilt natürlich das Gleiche. Nicht die Entscheidungsträger, sondern sie sind das Opfer, das gebracht werden muss, der „Preis", der gezahlt werden muss – für „es" (was auch immer). Damit die Sonne nicht aus ihrer Bahn fällt. Das Aztekenopfer.

Das Opfer, wir haben es schon erwähnt, wird dabei dargebracht nach einer Logik des *Tausches*, eines *Tauschhandels*, es ist der „Preis", den etwas kostet, das man haben will, oder ein Ziel „wert" ist, das man erreichen will. Was heißt das aber? Es bedeutet, dass der moderne Krieg nicht nur seinen äußeren Zwecken nach (etwa, weil er um wirtschaftliche Ressourcen geführt werden würde) mit dem kapitalistischen System in Komplizenschaft stünde, sondern dass er seiner innersten Logik nach, seiner mentalen Struktur und Denkweise, ja seiner bloßen Möglichkeit nach, zutiefst in den geistigen Prinzipien der Marktwirtschaft verwurzelt ist: Er wird abgewickelt wie der Austausch von zwei Waren. Der Machthaber sagt: Ich gebe das Leben dieser oder jener Leute, dafür erhalte ich das und das.

Auch von dieser Seite erweist sich also, wie tief der Krieg in unserer Zivilisation verwurzelt ist, er ist nichts, was sich zufällig in ihr ereignet, er ist auf das Engste mit ihren geistigen Grundlagen verwoben. Natürlich wird der Machthaber dabei vermeiden, *sich selbst* zum Opfer zu machen. Er setzt den Preis fest, den *andere* bezahlen müssen. Er stellt dieses Opfer als unvermeidlich hin. Er blendet die einzelnen konkreten Menschenschicksale aus und reduziert die Leben, die dabei ausgelöscht werden, auf „Schachfiguren" und Ähnliches, dehumanisiert sie.

Dies ist die eine Seite der Medaille. Wie Günther Anders zusammen mit dem Zukunftsforscher Robert Jungk hervorhebt, wie auch die Aussagen Albert Schweitzers implizieren, kommen in diesem Transformationsprozess jedoch auch nicht die Machthaber beziehungsweise diejenigen, welche aus sicherer Entfernung den Knopf drücken, die ausführenden Soldaten, die Hubschrauberpiloten, welche wie Prinz Harry ihre Geschosse auf tief unter ihnen befindliche wehrlose Personen abfeuern, ohne Schaden davon. Nicht nur mit den Opfern, sondern auch mit den Tätern richtet der Krieg etwas an. Er verändert auch sie. Das Aztekenherz, das geopfert wird, ist am Ende ihr eigenes. Sie bezahlen, indem sie ihr eigenes Herz in ein Maschinenherz verwandeln, indem sie selbst sich in Maschinen verwandeln. Es geht nur mehr darum, dass sie im System wie ein Arbeiter im Betrieb zu funktionieren haben, sie vollführen mit anderen Worten das Morden, das sie bewerkstelligen, wie einen Arbeitsschritt, welchen sie auf dem ihnen zugewiesenen Arbeitsplatz zu erledigen haben, wie einen bloßen „Job" unter vielen.[43]

Denn im kapitalistischen System ist alles, was man auf der Welt tut, ein „Job" – selbst das Töten. Mit anderen Worten: Selbst der Tod ist nur eine Ware, die produziert wird, eine unter vielen Waren, die hergestellt werden. Oder, wie es Günther Anders formuliert, der Krieg besteht heutzutage in einer „maschinellen Produktion von Leichen"[44]. Er weist darauf hin, dass sogar der Soldat Claude Eatherly, bei dem sich nach dem Atombombenabwurf auf Hiroshima so sehr das Gewissen geregt hat, dennoch jenen Ausdruck – „Job" – dermaßen verinnerlicht hat, dass er auch im Nachhinein noch davon Gebrauch macht, nicht nur, wenn er von seiner inzwischen selbst von ihm verabscheuten Tat erzählt, sondern sogar dann noch, wenn er von seinem pazifistischen Engagement spricht. Anders legt dar, dass es sich um einen verharmlosenden Begriff handelt, dessen Gebrauch eigentlich „die Mobilisierung des eigenen Gewissens und die Übernahme von Verantwortung überflüssig [macht]“[45]. Man reduziert sich dadurch selbst zu einem bloßen „Schräubchen im Apparat“[46], man leistet einen Akt der „Selbstverdinglichung“[47], löscht seine eigene Persönlichkeit aus, dehumanisiert sich selbst.[48]

Robert Jungk führt (in seiner Einleitung zum Briefwechsel von Günther Anders mit Claude Eatherly) auf prophetische Weise aus, wie eine solche Kriegsmaschinerie aufgrund ihrer „geistigen Rückwirkung“ [49] daran ist, nicht nur das Land der Opfer, sondern auch die Gesellschaft der Täter – er spricht hier in erster Linie von den Vereinigten Staaten – zu verändern: Es „brechen die Grundlagen unserer moralischen und politischen Existenz zusammen. [...]“, denn die modernen Kriegsmethoden (aus seiner Zeit heraus denkt R. J. dabei hauptsächlich an die Atomdrohung, als heutiger Leser muss man hier also einiges ummünzen; man könnte etwa an die üblich gewordenen Drohnenmorde denken) „höhlen die Demokratie aus [...], sie bewirken eine allgemeine Brutalisierung der Waffenträger, die stets zum Letzten fähig und entschlossen sein müssen. Sie zerstören den inneren Glauben der atomgerüsteten Länder an ihre eigene Menschlichkeit und Sittlichkeit.“[50]

Ist es nicht dieser moralische Zerfall, welchen wir heutzutage sehen, wenn wir die westliche Welt betrachten?

DIE MODERNEN AZTEKENPRIESTER

Jungk vertritt die Auffassung, jene „geistige Rückwirkung“ habe die Besitzer der modernen Kriegsmaschinerien – heute sprechen wir von den „Eliten“ oder den Angehörigen des „Establishments“ – „im wörtlichsten Sinne des Wortes verrückt gemacht“, und er meint, es handle sich dabei um „eine Verrücktheit, die umso gefährlicher ist, als ihre Vertreter vernünftig zu sprechen scheinen“.[51]

Eine Barbarei, welche immer schon in unserer Zivilisation verborgen ist, eine völlige Irrationalität, welche im Mantel der Rationalität daherkommt: Das ist die Kehrseite jener absoluten Instrumentalisierung der Gegenstände der Welt durch den Menschen, mit der wir es heutzutage zu tun haben und die uns bereits in der gegen Ende des zweiten Weltkriegs verfassten Schrift „Dialektik der Aufklärung“[52] der beiden Sozialphilosophen Max Horkheimer und Theodor W. Adorno begegnet: Der moderne Mensch reduziere die Dinge zum bloßen Mittel für seine Zwecke, aber dadurch instrumentalisiere er sich selbst, mache er sich selbst zum bloßen Instrument, Mittel, tue er sich selbst Gewalt an, töte etwas in sich selbst, in einem Akt der inneren Selbstaufopferung lösche er vielleicht das aus, was das Leben überhaupt erst lebenswert mache, das eigentlich Lebendige, so dass am Ende instrumentelle Vernunft mythische Gewalt (= die Logik des altertümlichen Opferrituals) im neuen Gewand des rationalen Tauschakts reproduziere – das ist eine der zentralen Thesen des Buches. Nicht nur der am Opferaltar Liegende, in dessen Brust der Aztekenpriester mit dem Messer hineinschneidet, erleidet also etwas, sondern auch der Priester selbst richtet in diesem Augenblick etwas mit sich an, auch er opfert etwas in sich, macht sich zum Ding, anstatt eine selbstständige, freie Persönlichkeit mit einem eigenen Gewissen zu sein, er unterwirft sich einer Maschinerie und lässt sich auf einen vorgeblich göttlichen Tauschhandel ein, vernichtet aber tatsächlich das Heiligste, das Leben. Um „es“ (was auch immer) zu erhalten. Die modernen Aztekenpriester sind wir: „[…] wir Heutigen bestehen aus zahllosen *virtuellen Claudes*, denen dasselbe zustoßen könnte, was Claude zugestoßen ist: nämlich *als Apparatstück zum Mitverbrecher zu werden*"[53], warnt Günther Anders.

Aber glaubten wir nicht, weiter zu sein als die Vertreter einer altertümlichen Kultur, welche vermutlich unseren Begriff des Individuums und damit den der eigenen, freien Gewissensentscheidung noch gar nicht kannte? Ja, vielleicht waren wir das zwischendurch, in Ansätzen, aber unser humanistischer Fortschritt hat mit unserem technischen schlussendlich nicht Schritt gehalten. Eine Diskrepanz, die Günther Anders und Albert Schweitzer immer wieder betonen: Wir haben das technische Potential, um x-mal den Planeten zu vernichten – aber wir können uns nicht vorstellen, was das eigentlich heißt.[54] Wir halten uns gegenüber den untergegangenen Kulturen alter Völker für so überlegen, weil wir über Technik und Wissenschaft verfügen, – aber unsere Seele und unseren Geist haben wir verkümmern lassen. Und gerade für die Entwicklung des gesellschaftlichen Diskurses der vergangenen Jahrzehnte, ungefähr seit den 80er-Jahren, gilt dies meines Erachtens ganz besonders, noch viel mehr als für den Zeitraum, in dem Anders, Jungk und Schweitzer gelebt haben. Der Kriegsdiskurs, mit dem wir es aktuell zu tun haben, ist nur das Resultat dieser negativen Entwicklung, welche schon seit längerem zu beobachten war. Wieder werden wir auf den Punkt geführt: Es ist ein geistiges Problem, mit dem wir es zu tun haben, ein Problem, das tief in unserer Kultur steckt, viel tiefer, als wir glauben, und darum in unserem sogenannten Alltagsleben verwurzelt ist. Der Ukraine-Krieg, die Vernichtung von Leben im Gaza-Streifen und viele andere Kriege, welche auf dem Erdball toben und vielleicht weniger unsere Aufmerksamkeit erregen, aber auch geschehen, sind vielleicht nur der drastischste Ausdruck dieses einen Problems.

Wenn ich sage, dass es sich um ein „geistiges“ Problem handelt, so stellt dies keinen Widerspruch dazu dar, dass es sich auch um ein materielles Problem handelt, sofern man darunter nicht bloß die Materie meint, wie sie ein Physiker versteht, sondern die gesellschaftlichen Bedingungen unseres Zusammenlebens, wie sie Überformungen unserer natürlichen Bedürfnisse darstellen, um ein Problem unserer Wirtschaft also, oder um es weiter zu fassen: überhaupt unseres Umgangs mit den Dingen und mit uns selbst.

„Ein Wirtschaftssystem wie das unsere kann Frieden nicht wollen“[55], sagt der Theologe und Psychoanalytiker Eugen Drewermann und zielt dabei auf den Umstand ab, dass im Raum der Wirtschaft immer schon Krieg herrscht, schon lange bevor sich das abspielt, was wir üblicherweise als Krieg bezeichnen, – eine „Welt der permanenten Konkurrenz“.

„Die Definition der Demokratie selbst widerspricht der Spezialisierung und der Arbeitsteilung“[56], konstatiert wiederum Günther Anders und meint damit den schon genannten Umstand, dass in einer arbeitsteiligen Gesellschaft der Einzelne nur mehr ein „Schräubchen im Apparat“ ist, das bloß den Auftrag ausführt, der ihm erteilt wurde, ohne sich für die Folgen seiner Taten verantwortlich zu fühlen. Was im Extremfall dazu führt, dass einer seinen „Job“, also sein Geschäft, sogar darin sieht, Menschen umzubringen, und das auch gehorsam tut, nur deswegen, weil es ihm anbefohlen wurde, ohne dass er dabei eine Gewissensregung verspürt. Es geht also um die unserem Wirtschafts- und Arbeitssystem innewohnende Erosion politisch-moralischen Bewusstseins.

Darüber hinaus ist zu sehen, dass sich ein Menschentyp durchgesetzt hat, für den eine große, unhinterfragte Prämisse über allem steht: nämlich die, dass die Welt *ihm ge-*

höre und dass es nur darum gehe, möglichst viele Stücke davon in einem – wenn nötig auch militärischen – Wettkampf gegen andere an sich zu reißen.

Der im Kontext des Umweltschutzes seit den 80er-Jahren oft zu hörende Satz, wir hätten „die Erde von unseren Kindern nur geborgt"[57], macht es im Übrigen um nichts besser. Nur dadurch, dass der absolute Besitzanspruch der Menschen auf die Welt in die nächste Generation verlagert wird, ist er um nichts weniger problematisch.

Die fraglos vorausgesetzte Reduktion der Gegenstände und Lebewesen der Welt darauf, nur mehr Objekte des einen oder anderen Interesses zu sein, führt dazu, dass man zur Zeit auch gerade in Kreisen, welche gegen den Krieg sind, oft davon spricht, man müsse die „Interessen der anderen Seite" (gemeint ist Russland) berücksichtigen. Das hat im derzeitigen Kontext zwar eine gewisse Berechtigung. Trotzdem beginnt der wirkliche Pazifismus erst dort, wo es nicht bloß um „Zwecke" und „Interessen" geht, mit anderen Worten um Macht, sondern um eine grundsätzlich andere Ethik.[58] Ähnlich verhält es sich mit dem beispielsweise von der deutschen Politikerin Sahra Wagenknecht[59] immer wieder vertretenen Standpunkt, Deutschland solle mehr auf seine „eigenen" – nationalen – Interessen schauen, anstatt die Interessen der USA zu vertreten. Hieße das aber, wenn man also für die Interessen Deutschlands zu Felde zöge, wäre für Wagenknecht der Krieg plötzlich in Ordnung?[60]

Darum hat auch die Formel des „Interessenausgleichs" ihre Grenzen. Eine Ethik, der es nur um die „Interessen" geht – gleich welche, und handelte es sich um scheinbar noch so edle Ziele, und sind es nicht einmal die eigenen, sondern sogar die eines anderen –, läuft am Ende unweigerlich darauf hinaus, dass der Zweck die Mittel heiligt. Dann zieht man zwar nicht für sich selbst, sondern vorgeblich für die Solidarität mit den Ukrainern oder für die Interessen irgendeines anderen Volkes in den Krieg, verrichtet aber trotzdem weiterhin sein zerstörerisches Handwerk. Dann geschieht am Ende wieder genau das, was wir oben beschrieben haben: Das „Es“ (was auch immer) wird mehr wert als alles andere, mehr als das Leben einer halben Million Kinder. Man mündet früher oder später unweigerlich in die Logik des modernen Aztekenopfers ein. Und es kommt zu Perversionen jener Art, mit der wir es heutzutage zu tun haben: dass man beispielsweise Freiheit und Demokratie gerade im Namen des Kampfes für „Freiheit“ und „Demokratie“ abschafft.

DIE UTILITARISTISCHE WARENFORM ALS HEUTIGER ZUSTAND DES GEISTES

Eine tiefe Ahnung davon durchweht das Werk Kants, welcher sehr genau gewusst hat, dass das Reich der Moral und die Sphäre der Zwecke zwei ganz unterschiedliche Dinge sind und dass man jenes dieser nicht unterwerfen darf. Er hat darum die Unterscheidung zwischen dem *moralischen Politiker* und dem *politischen Moralisten* eingeführt. Beide beziehen sich auf die Moral, aber auf völlig unterschiedliche Weise. Die beiden sind so ziemlich das Gegenteil voneinander, indem der politische Moralist eigentlich unmoralisch ist, das heißt, er instrumentalisiert die Moral nur, um seine Zwecke zu erreichen. Er ordnet also die moralischen Grundsätze dem Zweck unter oder „spannt“, wie Kant es ausdrückt, „die Pferde hinter den Wagen“[61].

Es ist offensichtlich, welcher Typus heute die absolute Oberhand hat. Kant war freilich weit davon entfernt, die Orwellschen Praktiken der Propaganda vorauszusehen, mit denen wir es mittlerweile zu tun haben. Aber auch Günther Anders hat sich nur am Rande mit dem Phänomen der Propaganda beschäftigt, und ich habe sogar den Eindruck, er hat ihm zu wenig Aufmerksamkeit geschenkt.[62]

Was aber ist Propaganda überhaupt? Auch hier gilt, ähnlich wie für den Krieg, dass man sich im Irrtum befindet, wenn man sie für ein peripheres Phänomen hält, welches gleichsam zufällig zu unserer Kultur hinzu kommt, als etwas ihr Äußerliches. Tatsächlich handelt es sich bei ihr um ein geistiges Prinzip, das zutiefst in unserer Gesellschaft verankert ist. Propaganda ist der heutige Zustand des Geistes.

Propaganda ist nun im Kern nichts anderes als der Versuch, genau jene Lücke zwischen der Moralität und den Interessen zu schließen, von welcher wir soeben gesprochen haben, indem sie das an den eigenen Interessen orientierte Handeln anderen gegenüber als moralisch ausgibt.[63] Sie bedeutet aber noch mehr: nämlich dass die utilitaristische Warenform, die Verdinglichung, auch auf unsere geistige Tätigkeit übergreift.

Wir empören uns zu Recht über Propaganda. Aber ist sie nicht die Konsequenz dessen, dass wir die Dinge nur als Ware betrachten? Auch die Sprache, das Denken, Reflexion, Information, Wissen und überhaupt alles, was man als sogenannte „Meinungsbildung" bezeichnet, sowie die damit verbundenen Emotionen und Gefühlszustände sind somit zu Waren geworden, und selbst die Moral ist bloß noch eine Ware.[64] Die ganze Welt ist Werbung geworden, könnten wir frei nach Adorno sagen,[65] aber das heißt auch, und das kommt bei ihm meines Wissens nicht vor, dass selbst die Ethik nur mehr eine Abteilung der Werbeindustrie ist. Dies alles ist jedoch ein Resultat davon, dass Medien, PR- und Nachrichtenagenturen sowie Werbeunternehmen den gesamten öffentlichen Diskurs mittlerweile fabriksmäßig herstellen.

All die Verrücktheiten, mit denen wir es heutzutage zu tun haben, haben hierin ihre Wurzel. Wir wundern uns über absurde Slogans wie etwa die Behauptung, dass Waffen Frieden und Impfungen die Freiheit brächten, oder darüber, dass gerade diejenigen, die sich zur Zeit selbst faschistoid verhalten, andere als „Nazis" bezeichnen, ja, wir befinden uns jeden Tag inmitten eines Wustes von – bei näherem Nachdenken – sinnlosen oder widersinnigen und einander auch widersprechenden Verlautbarungen. Aber ist das nicht das logische Resultat davon, dass wir mit dem Weihnachtsmann Werbung für Coca-Cola machen – ein Umstand, der um nichts weniger absurd ist, den wir aber schon hinzunehmen gewohnt sind?

Dies ist das Ergebnis dessen, dass wir nicht nur die materiellen Gegenstände, sondern auch Geistiges, Begriffe, nur mehr als Versatzstücke gebrauchen, als Maschinenteile – als „Wunschmaschinen", wie sie die beiden postmodernen Philosophen Gilles Deleuze und Félix Guattari beschrieben haben[66] –, welche wir zusammenschalten und auseinanderreißen, wie es uns gefällt, ohne uns mehr um ihren Sinn zu bekümmern. Denn für uns zählt nicht mehr, was die Worte bedeuten, und schon gar nicht ihr tieferer Gehalt, sondern nur mehr, dass sie funktionieren, ihr bloßer Effekt, ihre Wirksamkeit. Die Folge davon ist, dass wir es im öffentlichen Diskurs mit einer tiefgreifenden Erosion begrifflichen Denkens zu tun haben.

SCHLUSSFOLGERUNG: DEN KRIEG MIT DEN DINGEN DER WELT BEENDEN

Vielleicht seitdem beim Menschen die Intelligenz erwacht ist, befindet er sich im permanenten Krieg mit den Dingen. Sie sich zu unterwerfen und nutzbar zu machen, ist sein oberstes Ziel. Die Ideen moderner Technik unterscheiden sich hier nicht grundlegend von den altertümlichen Ritualen der Magie, mögen sie auch ungleich effizienter sein. Ursprünglich zum bloßen Zweck des Selbsterhalts gedacht, später zur Erreichung der einen oder anderen Annehmlichkeit im Leben nützlich, verwandelten sie sich allmählich zu Instrumenten immer totaler werdender Herrschaft und Gewalt über alles auf dem Planeten, was es auf ihm nur gibt, über alles, was auf ihm kreucht und fleucht – und auch des Menschen über den Menschen.[67]

Sogar an die Eroberung und Unterwerfung des Weltraums denkt man mittlerweile: Man will den leeren, öden, toten Mars besiedeln – während man, und das ist das eigentlich Absurde, gleichzeitig die fruchtbare, lebendige Erde zerstört. Auch hier setzt sich die Warenform durch, denn nun wird die gesamte Erde wie eine aufgebrauchte Ware behandelt, welche durch eine neue ersetzt werden könnte, und auch hier tauscht man das Leben für den Tod ein und glaubt, dabei etwas zu gewinnen. Das „es" (was auch immer).

Und nicht nur die Dinge des äußeren Universums, auch sich selbst lässt der technokratische Mensch dabei niemals in Ruhe; immer unzufrieden mit sich selbst, kann er sich selbst nie sein lassen, wie er ist, kann er nicht anhalten, führt einen fortwährenden Krieg gegen sich selbst. Sein Traum ist es, sich selbst wortwörtlich in einen Roboter oder Computer zu verwandeln. In den Zielen des „Transhumanismus" erfährt die Selbstvergegenständlichung des Menschen ohne Zweifel einen Höhepunkt. Damit arbeitet der Mensch, wie ja schon der Name sagt, an seiner Selbstauslöschung. Sein Allerinnerstes steht nun zum Tausch, das Wesen des Menschen selbst. Man tauscht nicht mehr nur den alten Menschen gegen den neuen Menschen, den Übermenschen, nein, man regeneriert ihn jetzt mithilfe von Ersatzteilen;[68] der lebendige Mensch als solcher wird Segment für Segment gegen die angeblich besser funktionierende, durchgeplante Maschine eingetauscht, und dadurch zu einer Ware. Der Transhumanist bringt sich selbst zum Opfer dar. Das Menschsein an sich steht damit vor seiner Aufhebung. Während man aber auf der einen Seite den Menschen dafür fast schon so etwas wie das ewige Leben oder die „Abschaffung des Todes“[69] verspricht, bastelt man auf der anderen Seite, ebenfalls auf Basis modernster Technologien, gleichzeitig an den perfekten Tötungs- und Kriegsmaschinen[70], – bereitet also parallel dazu ihre Ermordung vor.

„Wozu das alles?“, könnte man fragen – und wird nie eine richtige Antwort erhalten.

Denn das Reich der allherrschenden Zwecke ist das Reich der absoluten Sinnlosigkeit. Es macht sich selbst absurd, es handelt sich um eine Maschinerie, die nur mehr fortwährend im Kreis läuft, damit sie läuft, ohne dass sie sich um ihre dabei ständig auftretenden Widersprüche noch kümmern muss und ohne dass darin so etwas wie die Sinnfrage überhaupt noch zu stellen möglich ist.[71] Der einzige Sinn der Erweiterung der Ausübung von Macht liegt nur mehr in der Erweiterung der Machtausübung selbst, und der einzige Sinn des Erfolgs ist der Erfolg selbst. Das, was eigentlich nur Mittel zum Zweck sein sollte, hat sich inzwischen selbst zum Zweck gesetzt, zum Selbstzweck, zur leeren Maschine, die immer laufen und wachsen muss. Man darf niemals ruhen, niemals die Dinge in Ruhe lassen und niemals sich selbst.

Der Krieg zwischen uns Menschen herrscht, weil unser Verhältnis zu den Dingen überhaupt ein kriegerisches ist. Wollen wir die Kriege beenden, so muss zuerst unser Verhältnis zu den Dingen und damit zu uns selbst ein grundlegend anderes werden.

MEDIEN UND FRIEDEN – EIN ZUSAMMENHANG? UNABHÄNGIGE BERICHTERSTATTUNG UND STAATLICHE FÖRDERUNG SIND INKOMPATIBEL

DR. ANGELIKA MAYRHOFER-BATTLOGG, MSC, MBA

Für jemanden, für den unabhängige Medien, Frieden und Freiheit immer untrennbar verbunden waren, ist das, was sich in Österreich im Medienbereich derzeit tut, nur schwer erträglich. Mit wenigen Ausnahmen. Medien kapitulieren ganz offenkundig vor der Übermacht der Pressesprecher[72]-Phalanx, die sich die Regierung leistet und vor den jährlichen Millionengeschenken. Der Qualitätsverlust geht mit Recherche-Unlust einher. Die bittere Erkenntnis, dass die Einheitsberichterstattung in der Corona-Zeit möglicherweise nur ein Probegalopp war, scheint sich zu bewahrheiten. Durch eine noch bedeutsamere und dramatischere Wende. Welche Rolle „spielen" die Medien heute, wenn es um das Thema „Frieden" geht? Ist der schale Beigeschmack der Parteilichkeit und Propaganda ein eingebildeter oder tatsächlicher, wenn es um die Debatten über Aufrüstung, Verteidigungsfähigkeit, Wehrdienstverlängerung, NATO-Beitritt, Neutralität, Wirtschafts- und Wohlstandsentwicklung geht?

Wer sich als Patriot und als Pazifist sieht, kann kaum glauben, welche Repräsentanten der Politik und der Medien heute tonangebend sind.

Sind journalistische Qualitätskriterien und Berufsethos[73] tatsächlich abhandengekommen – oder nur gut versteckt?

Ebenso wie sich der Eindruck immer mehr erhärtet, dass eigenständige Recherchen, eine saubere Trennung von Berichterstattung und Kommentaren nicht mehr selbstverständlich sind. Man muss schon ein unerschütterlicher Freund freier Medien sein, um nicht zornig zu werden. Der unakzeptable Qualitätsverlust kann und darf nicht schweigend hingenommen werden. Auch nicht von jenen Medienkonsumenten, die Gefahr laufen, sich mit propagandistisch aufbereiteten Manipulationsversuchen abspeisen zu lassen. Nein, um einen ehemaligen Politiker[74] zu zitieren: Ich finde, es ist genug. Die Entwicklung hin zum Gefälligkeitsjournalismus ist längst schon ein demokratiepolitisches Problem. Was sich in Österreich auf diesem Sektor tagtäglich abspielt, abgesehen von einigen rühmlichen Ausnahmen (auch im sogenannten Social-Media-Bereich), die bekanntlich die Regel bestätigen, ist skandalös.

Als gelernter Österreicher weiß man, dass der diesbezüglich offensichtlichste Sündenfall – die Berichterstattung über und rund um Corona – wahrscheinlich nur ein Probegalopp war. Eine Generalprobe dafür, wie sehr sich Medienvertreter manipulieren lassen, wie hoch der Preis für die Gunst der Herausgeber und Verantwortlichen in den Redaktionen ist. Fördermillionen so zu dotieren, dass die Lust zur Recherche erstickt und stattdessen der Griff zur gekonnt formulierten Presseaussendung automatisiert wird. Alles eine Frage der Ressourcen.

Die Presseabteilungen von Kanzleramt, den Ministerbüros, der Präsidentschaftskanzlei, des Parlaments und der Landesregierungen strotzen vor PR-Fachfrauen und -männern. Dazu kommen noch die externen Berater, Consultants und Agenturen, die für gutes Geld gute Medien- und Presseberatungskonzepte und Knowhow für den perfekten Auftritt liefern. Jede durchschnittlich besetzte Redaktion einer Tageszeitung oder eines Wochenmagazins muss vor Neid erblassen ob der Personaldecke in diesen Presseabteilungen.

Allein für den Vizekanzler, dessen Expertise in Medienfragen sich auf die Parteiakademie und den SPÖ-Pressedienst beschränken dürfte, sich aber provokanterweise auch noch Medienminister nennen darf, arbeiten drei Pressesprecher, in der Presseabteilung seines Ministeriums zehn Mitarbeiter und weitere sieben im Social Media-Bereich. Also insgesamt 20 hochqualifizierte Presse- und Medienfachleute[75].

Eine Anzahl, die unter dem legendären SPÖ-Kanzler Dr. Kreisky wahrscheinlich für die halbe Bundesregierung gereicht hätte. Da ist das Faktum, dass sich dieser Vizekanzler für eine 50-minütige ORF-Pressestunde zusätzlich von einer externen Agentur für Euro 6.000 coachen ließ, nur noch ein weiterer Beweis für den unverschämten Griff in den Steuertopf. Aber wen wundert das noch? Ein Vizekanzler, der sich weigert, Auskunft über die Gründe und die Kosten seiner exklusiven Reise nach New York zu geben, der auf die Frage einer Servus-TV-Reporterin wagt, zu sagen, dass er „keine Ahnung" habe, wieviel sein Liebkind, der neue SPÖ-TV-Sender koste, so ein Spitzenpolitiker verhöhnt die Wähler und zeigt, wie unverfroren und frech man sich in Österreich der Steuergelder bedienen und wie dreist man mit dem Anspruch der Bürger, über das Handeln und Agieren von Spitzenrepräsentanten informiert zu werden, umgehen darf. Ohne dass so eine Unverschämtheit eine breite öffentliche Diskussion auslöst.

MEDIEN – DIE VIERTE SÄULE DER MACHT

Man wird schon sehr nachdenklich, wenn man sich das Schweigen der Medien in solchen und anderen, demokratiepolitisch relevanten Fragen vor Augen hält. Und ihr Versagen als Plattform der Meinungsvielfalt und des Diskurses. Das ist kein Kavaliersdelikt einiger weniger Journalisten mehr, die sich sonst so gerne als die Ultima Ratio der politischen Korrektheit gerieren, der moralischen und weiß-Gott-was-noch-alles-Instanz.

Das Schweigen der Medien ist in jedem Fall verräterisch. Es widerspricht dem Naturell eines professionell arbeitenden Journalisten und dem „Kontroll-Auftrag“, den Medien selbstverständlich insbesondere auch in einer Demokratie zu erfüllen hätten. Als vierte Säule der Macht, neben der Legislative (gesetzgebende Gewalt), Exekutive (ausführende Gewalt) und Judikative (rechtssprechende Gewalt), dürfen Journalisten nicht schweigen oder wegschauen, wenn Unrecht geschieht, wenn skandalöse Entwicklungen offenkundig und Wahrheiten zur Rarität werden, Lügen hingegen zum Alltagsinstrument gewählter Volksvertreter.

Leider drängt sich da die sehr unangenehme Frage der möglichen Bestechlichkeit auf. Diese Frage auszuklammern wäre fahrlässig, will man die Mediensituation und jene näher betrachten, die politisch für die Medienperformance verantwortlich sind. Da verfestigt sich der Eindruck eines „Danaer-Geschenkes“[76] in Form der jährlich neu gefüllten Töpfe für großzügige Presseförderungen. Mit fatalen Auswirkungen.

Denn dass Journalisten, die aus Überzeugung und auch aus einem gewissen Idealismus diesen Beruf ergriffen haben, nicht recherchieren wollen, nicht sauber zwischen Berichterstattung und Kommentar zu trennen wüssten, stelle ich absolut in Abrede. Diese Journalisten stehen für Fakten-Journalismus, nicht für Gesinnungsjournalismus. Das weiß ich aus eigener Erfahrung im Umgang mit Top-Journalisten. Tatsache ist, dass es viele Journalisten und Reporter mit hohem Einfühlungsvermögen und fachlicher Kompetenz gibt, die journalistisch sorgfältig tätig sein, Missstände aufzeigen und ihrer Berufsethik gemäß arbeiten (wollen).

Das große Aber ist, dass sich Medienhäuser immer weniger den Begehrlichkeiten der Politiker entziehen. Plus „informationskorrupte“ und „dotationskorrupte“ Journalisten,

Chefredakteure und Herausgeber. Die gibt es natürlich auch. Selbstherrliche, überhebliche Vertreter der Medien, dem „Du" gegenüber einem Spitzenpolitiker mehr verpflichtet, als der journalistischen Berufsethik. Versehen mit einem jährlichen hochdotierten Schweige- und Propagandapflaster.

Sie missbrauchen ihren Job, verraten journalistische Prinzipien und sollten vom Österreichischen Presserat[77] und dem Österreichischen Journalistenklub Concordia[78] wegen Verrat und Verletzung der Berufsethik verklagt werden. Warum auch sie schweigen, liegt auf der Hand. Oder an den Budgets.

Nie werde ich das Telefonat mit einer Journalistin vergessen, die mit Tränen in der Stimme ihrer Frustration und Verzweiflung freien Lauf ließ. „Ich halte das nicht mehr aus. Wir sind nur noch Befehlsempfänger. Dürfen uns nur auf die offiziellen Pressemitteilungen aus Wien berufen, dürfen nicht mehr recherchieren (!) oder Experten interviewen, die nicht dem Beraterstab der Regierung angehören. Das ist nicht auszuhalten. Das ist nicht das, weshalb ich Journalistin geworden bin…". Kein Einzelschicksal. Sondern eine von vielen, die es wagte, ihre Ausweglosigkeit zu schildern.

Die Liste des versäumten Aufbegehrens von Medien im Zusammenhang mit ihrer täglichen und/oder stündlichen Berichterstattung ist bedrückend lang. Mit wenigen Ausnahmen.

AUSNAHMEN MEDIALER MEINUNGSVIELFALT

Zumeist löst es arrogantes Naserümpfen oder diskreditierende Kommentare aus, wenn einige dieser Ausnahmen als Beispiele für Medien angeführt werden, die Meinungsvielfalt zulassen, die Andersdenkende zu Wort kommen lassen und faktenorientierte Experten verschiedenster Disziplinen interviewen oder zu Diskussionen einladen. Immer von jenen Vertretern der Presse, die schlechten, einseitigen und parteipolitisch gefärbten Journalismus pflegen und sich der politischen Nomenklatura anbiedern. Es wäre zu leicht, aber auch zu billig, jetzt die Rechts-, Links-Keule zu schwingen. Seit Corona sind Schubladisierungen dieser Art nicht mehr zutreffend. Grottenschlechte Journalisten im Sinne journalistischer Berufsethik sollten nur nicht, wo immer sie politisch oder sexuell stehen, Wortführer dieser hoch sensiblen Berufsgruppe sein und keine Führungspositionen einnehmen.

Erstaunlicherweise zählen zu den auch in schwierigen (Medien)-Zeiten aufrechteren Medienhäusern meiner Wahrnehmung nach beispielsweise, schwer zu glauben, aber doch OE24[79], die Online-Plattform eXXpress[80] aber auch die Kronen Zeitung und natürlich der Privatsender Servus TV. Letzterem ist es wahrscheinlich zu verdanken, dass die Rate der Depressionsanfälligen in den Corona-Jahren nicht noch weitaus dramatischer ausgefallen sind und die Sparte der Positiv-Berichterstattung neue Qualitätsstandards aufweist.

Die Kronen Zeitung wiederum bestach und besticht durch ein raffiniertes, auf Meinungsvielfalt ausgelegtes Zeitungskonzept. Man muss kein Fan der Krone sein, die Anerkennung, dass dort wahrscheinlich die besten Blattmacher sitzen, gebührt ihr aber. Allein die vielen täglichen Leserbrief-Seiten sind ein USP, den andere nie in diesem perfekten Mix erreichen.

Die Krone schafft mit täglich rund 2,2 Millionen Lesern (Print, digital, Newsletter) bei rund 9,1 Millionen Einwohnern locker internationale Spitzenwerte und ist in Reichweite und Beliebtheit weltmeisterlich unterwegs. Allein die Printausgabe lesen jeden Tag ca. 1,7 Österreicher. Das ist stark. Da muss vieles passen. Die Lieblingszeitung der Deutschen bringt es täglich ebenfalls auf beachtliche 6,4 Millionen Leser, allerdings mit rund 83 Millionen Bewohnern, also der fast zehn Mal so großen Bevölkerungsanzahl. Inklusive aller digitalen Kanälen liegt die Bild-Reichweite bei 12 Millionen. Bei unseren eidgenössischen Nachbarn wiederum kommt die hoch geschätzte Neue Zürcher Zeitung auf rund 715.000 tägliche Leser. An die 239.000 lesen täglich die Printausgabe der NZZ, 175.000 informieren sich via Internet und 311.000 digital[81]. Das sind allesamt beachtliche Zahlen.

ENORMES KAMPAGNEN- UND MANIPULATIONSPOTENZIAL

Leserzahlen, die aufzeigen, wie relevant die Printmedien und deren digitale Kanäle als Informationstool sind, welche kommunikative Kraft, allerdings auch Manipulationspotenziale hier gegeben sind.

Die große Verantwortung der so genannten Mainstream-Medien für eine sorgfältige, ausgewogene und faktenbasierte Berichterstattung ist jedenfalls evident. Auch – und gerade deshalb, weil es hierzulande ein Fördersystem gibt, das die Unabhängigkeit der Medien zu ersticken scheint.

Österreich, d.h. wir Steuerzahler, schenken den Medien jedes Jahr zumindest das Zehnfache an Fördergeldern im Vergleich zu den USA[82]. Ohne den Geldern, die die Bundesländer „ihren" Medien (Werbung, PR, Presseförderungen usw.) zukommen lassen, „investiert" allein der Bund rund 1,3 Milliarden, die den Medien zugutekommen. Finanziert aus Zwangsabgaben und Steuergeldern der Bürger. Der Löwenanteil mit rund 720 Millionen Euro kassiert der ORF über die neu eingeführte Zwangsabgabe. Da das alles offensichtlich noch zu wenig ist, kommen heuer zu den bereits budgetierten 80 Millionen nochmals 50 Millionen

Euro für Legacy-Medien[83] hinzu, die der Medienminister überraschenderweise kürzlich aus dem Ärmel schüttelte.

Die Abhängigkeiten vom „Futtertrog der Presse-Förderung“ kennen alle. Und bedienen sich der Möglichkeiten der Einflussnahme.

Innerhalb der Regierungen und ihrer Satelliten sorgen eine Phalanx an Medien- und Presse-Profis in den jeweiligen Presseabteilungen für einen permanenten Informationsaustausch und zusätzliche Budgets durch millionenschwere Medienkampagnen – angefangen vom „Sackerl für`s Gackerl“ bis hin zu Werbe- und Informationsschaltungen von Landeselektrizitätsgesellschaften oder der Verbund AG. Unterstützt und gewünscht von den Eigentümervertretern in den Landesregierungen und in der Bundesregierung. Da vergisst man dann in manchen Redaktionen wohl gerne auf die Informationspflicht über denkwürdige „Übergewinne“, Boni-Zahlungen und Dividenden-Ausschüttungen – trotz der Energie-Rekordpreise, die ständig die Inflation anheizen und der Wirtschaft in Summe und jedem einzelnen Bürger zunehmend Probleme bereiten. Dass dann auch noch die Heizkosten-Zuschüsse für die am wenigsten Begüterten und Pensionen empfindlich gekürzt werden, rundet das Bild willfähriger Medien ab. So schließen sich offenkundig Kreise der „eine-Hand-wäscht-die-andere-Politik“.

VERHABERUNG UND GEFALLSUCHT

Da schließen sich Kreise, die problematisch sind. Über allem schwebt spätestens seit den ersten Migrations- und Flüchtlingswellen in den Jahren 2014, 2015 und 2016, der Berichterstattung über Corona und Covid-19 und dem ersten Lockdown (16. März 2020) der Haugout des propagandistisch gefärbten Journalismus, der Freunderlwirtschaft. Ein intransparentes Geben und Nehmen auf allen Ebenen der Kommunikationspyramide – am Beispiel millionenschwerer Inseratenschaltungen staatlicher Behörden. Zu exklusiven Informationszirkeln im Bundeskanzleramt und ähnlich feudalen Räumlichkeiten ergehen die Einladungen nur an ausgewählte Journalistenkreise. Die anderen haben sich mit den offiziellen Pressemitteilungen zufrieden zu geben. Da ist es nur noch ein kleiner Schritt zu jener gefallsüchtigen und „verhaberten" Clique von Herausgebern und Chefredakteuren, die sich beim Get-together in den angesagtesten Wiener Hotel- oder Afterwork-Bars brüsten, mit dem Kanzler, dem Vizekanzler oder den Ministern XY per Du zu sein, selbstverständlich auch deren private Handynummer zu haben und jederzeit zu ihnen „durchgestellt" zu werden, unterstützt von Sekretären, Kabinettchefs oder Büroleitern.

Typisch österreichisch eben. Man trinkt zusammen einen Grünen Veltliner oder einen G´spritzten und lässt fünf gerade sein. Bei so viel Goodwill darf es dann nicht wundern, wenn sich derselbe Zungenschlag bei heiklen Themen in den meisten Medien wiederfindet, wenn Packeleien verharmlosend als Kavaliersdelikt deklariert werden, bereinigt mittels Diversion.

Schlagzeilen und Titelzeilen offenbaren immer wieder das Ausmaß gegenseitiger Abhängigkeiten und den Grad von „Verhaberung". Fast scheint es, dass heute Medienkonsumenten vielfach immun sind gegen Empörung über Aussagen von Politikern und Schlagzeilen. Sonst müssten folgende, beispielhaft angeführte, längst zu Protestmärschen oder Demonstrationen führen:

- Bundespräsident: „Alle, die ‚insgeheim oder ganz ungeniert' mit den Interessen Putins sympathisieren oder tatsächlich oder vermeintlich mit ihm kollaborieren, gefährden den Zusammenhalt Europas doppelt"[84].

- Ex-Bundesministerin: „Mit der Einführung der Impfpflicht ist es eigentlich rechtswidrig, in Österreich zu wohnen und nicht geimpft zu sein[85]. Es wird möglich sein, Ungeimpfte zu kündigen".

- Verteidigungsministerin: „Nachrüsten, aufrüsten, ist das Gebot der Stunde"[86].

- Schicksalstag für Ex-Finanzminister. 16 Jahre nach Beginn der Ermittlungen wird es für Karl-Heinz Grasser ernst[87].

Mit Wahrheiten, Daten und Fakten geht man in Österreich gekonnt situationselastisch um. Auch damit hybride Bedrohungsszenarien nur dann dominanter Gesprächsstoff werden, wenn dies erforderlich erscheint zur Zielerreichung und zur Festigung von (Macht-)Ansprüchen. Oder wenn es um das Schüren von Ängsten[88] geht.

FRIEDENSSEHNSUCHT LEBT

Die Friedenssehnsucht ist groß und aktuell besonders deutlich spürbar. Damit sie keine Worthülse bleibt, benötigen wir Trendwenden – hin zu einer Medienlandschaft, die unabhängig ist, ohne Subventionen und staatliche Förderungen erfolgreich sein kann und Journalisten, die – mit der notwendigen Äquidistanz zu Regierenden – unzensuriert berichten und kommentieren können. Eine aktivere Friedenspolitik bedeutet zudem, dass man künftig auf Politiker verzichtet, die durch Lügen und propagandistisch eingefärbten Populismus den Ruf der Politik schädigen.

Österreich darf nicht länger in das Aufrüstungsgeheul anderer einstimmen. Wir sollten mit der neutralen Schweiz um den Zuschlag als Austragungsort für künftigen Friedensverhandlungen rittern. Das sollte unsere Rolle sind. Nicht die peinliche Anbiederung an Vertreter von „Kriegsparteien", an die Aufrüstungslobbyisten oder die NATO. Auch die immer wieder stattfindende Relativierung der Bedeutung unserer Neutralität ist völlig fehl am Platz, konterproduktiv und letztendlich ein Verrat an den Friedens-Interessen der Bürger.

Gefragt sind viel mehr stille Diplomatie, respektvoller Umgang mit allen Staats- und Regierungschefs und eine Entlastungs-Politik, die – ähnlich der Schweiz und Liechtenstein – das Selbstbewusstsein und die finanzielle Unabhängigkeit der Bürger – und der Medien – stärkt. Das würde genügen.

Es ist klar, dass es einen zweifelsfreien, signifikanten Zusammenhang zwischen Frieden, der in der Politik und in der Berichterstattung verwendeten Sprache, und einer unabhängigen Medienlandschaft gibt. Das gibt Hoffnung – für die Zukunft.

„KEIN SCHWIERIGERER VORMARSCH ALS DER ZURÜCK ZUR VERNUNFT!“[261] – MECHANISMEN DER KANNIBALISCHEN WELTORDNUNG IN GRÖSSEREN UND KLEINEREN ZUSAMMENHÄNGEN

MAG. STEPHANIE GRÜNBERGER

Es kann bei genauerem Hinschauen und mit einem Hauch an Einfallsreichtum, in den Sinn kommen, außerhalb des vorgestapften und eingebrannten meinungsbildenden und meinungsverbildeten Medienkanals – mit all seinem Propagandasumpf – ja abseits dessen, auf die Suche zu gehen und nach den Mechanismen forschend, die globale Einflussnahme – vor dem Hintergrund des Vorausschauens und Eigeninteressen vordrängend, zu beleuchten. Welche Strategien verfolgt beispielsweise ein Geschäftsmodell wie die USA, wenn sie ein demokratisches befriedetes Land, mit Korruption und Bewaffnung, mit der menschlichen Charakterform wie Gier[89] – und damit dicker machende Machtpotentiale, kitzeln, um ihr neoliberales Gedankengut in den Mainstream zu hieven?

Das marktradikale Business USA, das sich auf mafiöse Strukturen stützt. Eine zu Grunde liegende marktverzerrende Konzentration des Finanzkapitals[90]. Der militärisch industrielle Komplex, ein Drahtzieher hinter den Kulissen, prachtvoll eingehüllt in privatisierte Medien und Banken sowie einer feinen Klinge des ‚dekad-enten‘ (in Dekaden denkenden) Marketings. Der Markt, ungezügelt, erneuert sich in Millisekunden, Profiteure sind die Großen, die sich an der von-unten-nach-oben-Verteilung laben.

AUSZUG AUS TEIL I. DER KANNIBALISCHEN ORDNUNG K.O.INC.

Ein Vermögensverwalter wie BlackRock[91] mit einer Tragweite von 12,53 Billionen US-Dollar, Stand Juni 2025[92,93] (das verwaltete Vermögen des Konzerns lag Ende 2020 noch bei 8,7 Billionen US-Dollar[94]), schmiert sich in Länder, Regierungen und die eigentlich der Bevölkerung dienenden Politiker. Der neue deutsche Bundeskanzler Friedrich Merz beispielsweise war von 2016 bis 2020 Vorsitzender des Aufsichtsrats der Tochterfirma BlackRock Asset Management Deutschland. Seine Agenda ist also klar. BlackRock, einflussreich geworden durch ‚Clintons' Deregulierungen[95], wurde zum größten Aktionär in Deutschland und zum größten Miteigentümer der wichtigsten Unternehmen in diesem Land.[96] Der dadurch entstehende Hebel der Manipulation ist gigantisch, wie man an der deutschen Politik und in den deutschen Medien merkt. Ebenso sind die Auffälligkeiten bei der letzten bundesdeutschen Wahl bedenklich.[97] Wallstreetbanken, Fracking-, Pharma-[98], Agribusiness-Industrie, Kreuzfahrt- und Unterhaltungskonzerne, Tesla, Digitalindustrie[99], Rüstung und Leitmedien wie New York Times, Wall Street Journal, USA Today gehören BlackRock und Konsorten.[100] So auch beispielsweise KKR & Co. Inc. (früher Kohlberg Kravis Roberts & Co.) – wiederum ein Großaktionär des Springer-Konzerns.[101,102] Der US-amerikanischen Netz-Strategie folgend: Vance Serchuk, Geschäftsführer des KKR Global Institute, war davor „Senior National Security Advisor (Nationaler Sicherheitsberater) von Senator Joseph Lieberman (I-Connecticut) und professioneller Mitarbeiter im Senate Homeland Security Committee. In dieser Funktion arbeitete er an einem breiten Spektrum internationaler Sicherheitsfragen, darunter Sanktionen gegen den Iran und Russland, die Kriege im Irak und in Afghanistan sowie die Asien-Pazifik-Strategie."[103] Auch General David Petraeus sei hier genannt, CIA-Direktor und späterer Partner und Leiter bei KKR & Co. Inc.[104]

Die USA und mit ihr die NATO sind die größten Gefahren für den Weltfrieden.[105,106] Auf ihrer Agenda Intervention, verdeckte Operationen der CIA sowie kriegerische Handlungen und Angriffe, Sturz demokratisch gewählter Regierungen, durch finanzielle Unterstützung von (meist faschistischen und demokratiefeindlichen) Contras sowie Waffenlieferungen. Darunter fielen Länder wie Griechenland 1946, Korea 1950, Iran 1953, Guatemala 1954, Kongo 1961, Kuba 1961, Vietnam 1964, Indonesien 1965, Kambodscha 1969, Laos 1970, Chile 1973, Grenada 1983, Libyen 1986, Nicaragua 1981, Panama 1989, Kuwait 1991, Sudan 1998, Serbien 1999, Afghanistan 2001, Pakistan 2001, Irak 2003, Libyen 2011, Syrien 2014, Ukraine 2014 u.v.m. Diese Daten stellen sich in die Reihe der müden Kollateralschäden, die sich Jahrzehnte danach äußern und in nachfolgenden Konflikten, Bürgerkriegen, Wahlkorruption und in sozialer Ungleichheit münden.

Die wichtigste Gewinnquelle der neoliberalen Eliten – der am Leben gehaltene Krieg im Inneren wie im Äußeren[107].

AUSZUG AUS TEIL II. DER KANNIBALISCHEN ORDNUNG K.O.INC.

Voltaire sagte: „Geschichte ist die Lüge, auf die man sich geeinigt hat."[108] Ein Grundsatz – der marktradikale Grundwert – für eine intransparente Doktrin, die denjenigen zugutekommt, die durch Geld am Hebel der Macht sitzen. Fast 1 Prozent der Weltbevölkerung besitzt fast die Hälfte des weltweiten Vermögens, Tendenz steigend. In den Spekulationsblasen werden hohe Gewinne erbeutet, und es muss einem bewusst sein, dass es gleichzeitig den armen Menschen sowie der Mittelschicht zum Schaden gereicht. Die Ausdünnung der Mittelschicht bedeutet auch die Ausdünnung der Demokratie. Die Ausdünnung des Wissens. Die Ausdünnung der sozialen Stärke und die Ausdünnung des Sozialstaates. Die Profiteure der Macht sind die ausführenden Akteure. Friedrich Merz konstatierte beim Parteitag der CDU in Niedersachsen im August 2025 seine klare marktradikale und zynische Haltung, die sich gegen die Interessen der Bevölkerung in Position bringt: „Der Sozialstaat, wie wir ihn heute haben, ist mit dem, was wir volkswirtschaftlich leisten, nicht mehr finanzierbar."

Diese marktradikale Sichtweise ist „eine Ideologie im Sinne des Finanzkapitals" und führt Krieg gegen kleine und mittlere Unternehmer:innen sowie Arbeitnehmer:innen und unsere Bauern.[109] Die EU entschied Anfang September 2025 ein Durchwinken des Mercosur-Abkommens. Bei diesem Frei(?)-Handelsabkommen werden wichtige heimische und lokale Wirtschaftszweige unwiederbringlich geschädigt. Durch eine unkontrollierte Agenda überrollt uns schadstoffhaltige Masse, ohne die Umweltfragen dazu ausreichend abzuklären. Hier spiegelt sich eine Doppelmoral im folgenden Sinne wieder: Auf der einen Seite möchte man das „Klima" durch das Verbot von Plastikstrohhalmen retten, auf der anderen Seite wüten einschränkungslos CO_2-Skalen abschießende Monsanto-Bayer-Nestlé Konsorten, die steuerbefreit Ausbeutung der schlimmsten Art betreiben, Konzernriesen die in der globalen Entfernung durch Überfischung unsere Meere ermüden und durch Wälder rodende Korruption Marktradikalität durchsetzen. In der EU hält zudem die Glyphosat-Problematik an und der Mercosur-Sargnagel wurde bereits angesetzt. Martin Sonneborn (MdEP – Fraktionsloses Mitglied des EU Parlaments) analysiert den „Devotismus" und die Selbstzerstörung der Europäischen Union. An der Speichelglocke der USA hängend, führt Kommissionspräsidentin Ursula „Flintenuschi" von der Leyen ebenso Krieg gegen die europäische Wirtschaft wie gegen die europäische Öffentlichkeit. Sie führt Krieg gegen Russland und China, Krieg gegen das Völkerrecht und gegen die europäischen Verträge, gegen die europäischen Werte, gegen die europäische Kultur und ihre Bürger.[110]

AUSZUG AUS TEIL III. DER KANNIBALISCHEN ORDNUNG K.O.INC.

Die imperiale Oligarchie USA, mit über 700 Militärstützpunkten in fremden Ländern[111], hat nach 1945 die meisten Kriege und verdeckten Operationen geführt, um ihre Vorherrschaft einzuzementieren. Die größte militärische Präsenz der USA zeigt sich in Deutschland mit 194 Militärstützpunkten[112] und rund 35.000 US-Soldaten vor Ort[113]. Kosten – eine Milliarde Dollar pro Jahr[114]. Diese globale Macht ist faktenbasiert einmal objektiv anzuschauen. Bewusstmachung des Machtpotentials, des Einflussbereiches, der Manipulationskraft in Verbindung gut positionierter Leitfiguren vor und hinter dem Vorhang und deren Kriegstreiben.

Es gibt viele Beispiele wie die Mont Pelerin Society, gegründet nach dem Zweiten Weltkrieg, eine Institution, die sich zum Ziel macht, durch Platzierung auf hohen Positionen Einfluss zu erlangen, um neoliberales Gedankengut und dessen Triebkraft für Krieg gesellschaftsfähig zu machen. Mit einem Atem des Marathonläufers haben sie die Eliten seit den 1970er-Jahren geformt. Professoren vereinheitlichten Studienpläne und Lehrbücher[115], die nachrutschende Generation von neoliberalen Ökonomen, Medienmenschen[116], Ausführende in internationalen Organisationen und Politik wurden durch Ihren Opportunismus gebogen. Der neoliberale Ökonomismus ist kein Wirtschaftsprogramm, sondern eine Herrschaftstechnik.[117] „Heute sind sich die wenigsten, dem Mainstream folgenden Professoren, Journalisten und Politiker bewusst, dass sie Akteure einer großen Inszenierung sind, die Hayek und Co. vor siebzig Jahren planten," deren Kern die Vernichtung von Wohlfahrtsstaat und Keynesianismus bedeutet.[118] Vor dem Hintergrund des Textes „Top Secret America"[119] analysiert Bernd Hamm, dass der Neoliberalismus demokratische Gesellschaften als Dämpfer des freien Marktes bekämpft.

„Mit der wesentlich durch Think Tanks vorangetriebenen Entfaltung neoliberaler Ideologie fand der Übergang des Kapitalismus von einer autoritären zu einer zunehmend totalitären Organisationsform statt (...).“[120] Neokonservative Think Tanks[121] wie z.B.: PNAC (Project for a New American Century), gegründet 1997 von William Kristol und Robert Kagan, mit ihrer Nachfolgeorganisation die Foreign Policy Initiative, beanspruchen für sich das Recht auf die Herrschaft der Welt und die globale Führerschaft der USA. Ihre Mitglieder wie Donald Rumsfeld, Dick Cheney, Paul Wolfowitz, Robert Zoellick, Jeb Bush, Lewis Libby beeinflussten Verteidigungs- und Außenpolitik in großem Maße.[122] Unterstützung findend, durch ein globales Netzwerk internationaler milliardenschwerer Anwaltskanzleien[123], Beraterfirmen[124] und Militärapparate bis hin zu PR-Agenturen.[125]

Die marktradikale Ideologie vereinigt sich global über Kampfbegriffe, wie „Strukturreform“ und „Bürokratieabbau“. Diese trugen dazu bei, dass Konzernriesen über die Steuergesetzgebung zunehmend von gemeinschaftlichen und sozialen Beiträgen entlastet werden. Der Staat blutet aus zu Lasten der 99 %. Er wird durch „Austeritätspolitik“ in die Schuldenabhängigkeit der Finanzmärkte getrieben. Die ökonomischen Riesen können die von-unten-nach-oben Umverteilung für sich nutzen. Dieses Modell forciert die ökonomisch Schwachen in eine Begrenzung durch einen autoritären Überwachungsstaat.[126] In der Globalisierung erhält das fließende Kapital seine Stärke durch internationale Mobilität, „während die Mechanismen seiner demokratischen Einhegung national gebunden sind.“[127] So wird Demokratie ausgehebelt und unsichtbare autoritäre Zentren gestalten ihre Profite.

Diese Zentren gilt es sichtbar zu machen. Der zivile Bürger ist dazu angehalten, auch außerhalb der Mainstream-Fahrbahn Inhalte für eine objektivere Meinungsbildung zu suchen. Hier ist es wichtig, Medienkritik auszuüben und populistische Inhalte auszusieben. Bzw. diese anders zu beurteilen als Inhalte eines Matt Kennard, Jeffrey Sachs oder John Mearsheimer. „Der Neoliberalismus ist das erfolgreichste Projekt der Gegen-Aufklärung und der Selbst-Entmündung der Politik."[128] Ethik und Moral, so erkennt Stephan Schulmeister, haben in dieser Weltanschauung keinen Platz. Durch die enthemmten Finanzmärkte werden unternehmerische Aktivitäten in der Realwirtschaft gehemmt und die Kasinospekulation auf den Finanzmärkten angefeuert.[129] Neoliberalismus führt zu Arbeitslosigkeit, prekärer Beschäftigung, Staatsverschuldung, sozialer Unsicherheit, Armut und in weiterer Folge zum Krieg. Da dieser Marktradikalismus europäische Grundwerte zerstört, benötigen wir „Aufklärung und Mut" (auch zum selbständigen Denken), Empathie, um die „Finanzalchemie" und Ungleichheit abzuschaffen, sowie eine Stärkung des sozialen und europäischen Zusammenhalts.[130] „Gehorsam, Anpassung und das Fehlen empathischer Wahrnehmungsfähigkeiten schaffen eine schweigende Mehrheit", die die Erfolge von menschenfeindlichen Gesellschaftssystemen erst möglich macht.[131]

„ER FRAGT DIE ANSICHTEN: WEM NÜTZT IHR?"[132]

Gewerkschaftliche Bestrebungen werden ausgehebelt. Sozialpartnerschaft um jeden Preis geschwächt. Um Böden, Rohstoffe und Grundwasser vor der vorangetriebenen Zerstörung durch die auswuchernde, unkontrollierte agrarindustrielle Produktionsform (Agribusiness) und die hydraulische Frakturierung (Frackingindustrie) u.a. zu bewahren, benötigen wir eine Verstaatlichung im kommunalen Sinne des Werte- und Umweltschutzes für eine Grundlage einer friedlichen und gerechten sowie sozialen Gesellschaft. Eine Schaffung einer digitalen Souveränität gegenüber monopolistischen Digitalkonzernen in einem, Menschenrechte negierenden und Datenschutz nicht einmal im Rückspiegel sehenden, Krakensystem. Hier ist jeder angehalten zu agieren. Auf Produkte von Monopolisten, die Steuerschlupflöcher stricken und Datenschutz verachten, ist zu verzichten. Dieser Verzicht bedeutet, sich vorhandenen Alternativen zuzuwenden. Open Source statt Microsoft, Fairphone statt iPhone, Startpage statt Google, ‚Flohmarkt' statt IKEA.

Die Zivilgesellschaft ist dazu aufgefordert, friedvoll handlungsfähig zu werden, um eingenommene Politik zu entlobbyisieren. Wie kann ein Klassenkampf die Entwicklung dahin lenken, um eine von-oben-nach-unten-Verteilung[133] voranzutreiben und damit Frieden zu garantieren, wenn ständig die Vorherrschaft des Kapitals über die der Arbeit anwächst?[134] „Class struggle from above and the outside is waged in boardrooms, stock markets, Central Banks, executive branches of government, parliaments and Congresses. Decision makers are drawn from the ruling class and are in their confidence. Most strategic decisions are taken by non-elected officials and increasingly located in financial institutions (like the International Monetary Fund, European Central Bank and the European Commission) acting on behalf of creditors, bondholders and big banks."[135] Im Mikro- wie im Makrokosmos sollte die Zivilgesellschaft (wieder) verantwortungs-, empathie- und vernunftfähig werden. Eine Bewusstmachung des Schwarz-Weiß-Denkens kann dabei helfen, dieses hinter sich zu lassen, genauso wie den ekstatischen Zwang des Schubladendenkens und das Frönen für die Aufteilung in Gut und Böse. Vorgefertigte enge Debattenräume abzugehen und nachzuplappern wird das Leben nicht mit Vielfalt erfüllen.

AUSZUG AUS TEIL IV. DER KANNIBALISCHEN ORDNUNG K.O.INC.

Der Disziplinarmacht (17. Jhd.) steht ab der zweiten Hälfte des 18. Jahrhunderts nach Michel Foucault die Biomacht gegenüber. Diese bezieht sich auf die Bevölkerung im Ganzen. Die Politik entdeckt die Bevölkerung als Ressource, als lebendigen Körper, als kollektives Produktionsmittel. Seit Ende des 18. Jahrhunderts entäußern sich überall Züchtigungstheater im öffentlichen Raum. Kasernen, Schulen, Fabriken und Krankenhäuser exerzieren reibungslose, widerstandsfreie Abläufe und Agenden. Heute auch im Sinne einer digitalen Zensurgesellschaft durch US-Monopole wie Google, YouTube, Facebook, Meta, X, Apple & Co und ihren ‚Trusted Flagger'. Durch deren Einmischung in politische Willensbildung (z.B. Cambridge Analytica, Dark Posts), Löschung von Inhalten und damit den weiteren Ausbau der Verengung des Meinungskorridors, entsteht eine Uploadfilter-Atmosphäre, in der die Europäische Union die Zensur auf US-amerikanische Player auslagert.[136] Der Rest liegt bei einer staatlichen Agenda, durchwoben von Lobbyistenwerkzeugen, längst nicht mehr objektiv – das ausgebeulte Wahrheitsministerium globaler Spielplätze. „Die Mikrophysik der Macht besteht aus einer Vielzahl an Regelungen und Maßnahmen, die den Alltag durchwirken."[137] Es entwickelt sich eine Beobachtungs- und Kontrollgesellschaft[138], die mit Edward Snowden 2013 einen vorübergehenden Höhepunkt erreicht und mittlerweile zur weiteren Potenz empor geschossen wurde.[139] Die überwachende Erziehung möchte die Individuen in normalem Verhalten entdecken. „Die Wirkung der Überwachung ist permanent, auch wenn ihre Durchführung sporadisch ist. (…) Überall im gesellschaftlichen Raum müssen die Menschen damit rechnen, gesehen und überwacht zu werden[140]. Die Folge ist eine Verinnerlichung des zwingenden Blicks der Macht, die eine Selbstkorrektur des Verhaltens befördert. Das Handeln richtet sich ohne

Zwang an den Vorgaben der Macht aus. Die panoptische Gesellschaft hat auch ohne permanente Präsenz der Macht den Charakter eines Polizeistaates. (...) Die Machtausübung kann nicht von einer Einzelperson ausgehen, sondern etabliert sich um ein bestehendes Machtzentrum herum und operiert nach Foucault auf dem Willen zur relativen Wahrheit. Und so wird die geschehene Geschichte in der Vergangenheit zur Fiktion. Die Mittel zum Zweck sind die organischen Schulungsorgane und in unserer heutigen Zeit die zusätzlichen modernen Möglichkeiten der unterhaltenden und informierenden ‚Massenaufklärung'. Es ist auch die Internalisierung der Beobachtungsstrategien, die uns Objektivität verweigert.[141] Hierauf zielen bestimmte „Kontroll- und Produktionsstrategien", die ein „konformes Systemverhalten"[142] garantieren. „Die Unterwerfung des Wissens unter die Macht zeige sich in den Normen der ‚Normalität' und der ‚Gewohnheit' (...)".[143] Das Geschichtsdenken wirkt sich einseitig aus und kann in dessen Darstellung zu einem möglichen Machtmissbrauch umfunktioniert werden. Es kommt zur Vernachlässigung der Authentizität historischer Darstellungen, die gerade in Bezug auf unsere nahe Vergangenheit zur Verfälschung neigt und das Geschichtsbild, das durch die Schulen ohnehin einseitig geprägt ist, unterstützt.

Ausgangspunkt einer Gegenmodell-Politik, die sich über eine persönliche Verantwortung gegenüber der Welt definiert, in der der Einzelne zwar die Welt nicht retten kann, sich aber so verhalten sollte, als könne er dies durchsetzen, „besteht daher weder im Willen zur Macht noch in einem ideologischen Bild der Welt, sondern in einer bestimmten moralischen Haltung."[144]

Václav Havel erklärte, dass sich die Einstellung zur Welt radikal verändern muss. Um die Pluralität der Welt wahrzunehmen, sollten die Menschen mehr begreifen, als versuchen zu erklären. Der Weg führt nicht über die „Konstruktion von universalen Systemlösungen", die von außen angesetzt werden, sondern er führt zum Verständnis von innen heraus. Daraus resultiert eine respektvolle plurale Unterstützung in „toleranter Solidarität und Einheit in der Verschiedenheit", die auf Respekt und Gleichstellung beruht. „Die menschliche Einzigartigkeit, die menschliche Tat und die menschliche Seele müssen rehabilitiert werden."[145] Oder im Sinne Arno Gruens können demokratische und friedvolle Gesellschaften nur Bestand haben, wenn diese auch die wahren Bedürfnisse von Menschen ernsthaft erkennen. „Es würde soviel weniger kosten, in das Leben zu investieren, anstatt Aufrüstung und Kriege zu finanzieren. Wir haben keinen anderen Weg als den des Lebens."[146]

KRIEG ALS GESCHÄFTSMODELL – EINE ANALYSE

MAG. WALTER SCHÖNTHALER

Die Frage „Wie gelingt Frieden?“ ist von existentieller Relevanz für die Menschheitsfamilie. Der Mittelstand, das gesellschaftliche und wirtschaftliche Rückgrat unserer Republik, war und ist stets friedfertig, verliert jedoch zunehmend an politischer Macht. Der natürliche Zustand der Welt ist nicht der Krieg, sondern der Friede.

Der Satz „Der beste Kaufmann ist der Krieg. Er macht aus Eisen Gold“ wird Friedrich von Schiller zugeschrieben und ist ein bekanntes Beispiel für Schillers scharfen Blick auf die Verflechtung von Macht, Krieg und Wirtschaft. Schon vor mehr als zwei Jahrhunderten wusste Schiller: Krieg ist ein Geschäftsmodell.

Um die Frage zu beantworten, wie Frieden gelingt, muss man zuerst analysieren, wie Krieg „gelingt“. Wer sind die Akteure des Krieges? Welche Komponenten sind für das Geschäftsmodell Krieg erforderlich? Wie wirken die einzelnen Elemente zusammen, um das System des Krieges zu formen? Auch gegen den Widerstand der Bevölkerung? Wenn wir diese Fragen für den Krieg beantworten können, haben wir auch die Antwort auf die Frage gefunden, was wir für den Frieden tun können.

PEST – DAS ANALYSEMODELL FÜR DAS GESCHÄFTSMODELL „KRIEG“.

Eine häufig angewandte Methode, um die Faktoren eines Geschäftsmodells zu analysieren, ist die PEST-Analyse[147].

PEST steht für die Akronyme P = Politik, E = Wirtschaft, S = Gesellschaft, T = Technologie

DER FAKTOR P: DIE POLITIK UND DIE POLITISCHE WILLENSBILDUNG

Selbst wenn Kriege wirtschaftlich motiviert sind, müssen sie politisch durchsetzbar sein.

Der Wettbewerb der Parteien um die Stimmen der Wähler ist nur ein kleiner Teil der politischen Willensbildung – nicht nur in quantitativer, sondern auch in qualitativer Hinsicht. Auffallend ist die wachsende intellektuelle und moralische Kluft zwischen manchen politischen Repräsentanten und dem Durchschnitt der Bevölkerung. Politische Mandatsträger, die die Interessen des österreichischen Volkes in unserer repräsentativen Demokratie vertreten sollen, scheinen das Gelöbnis, welches sie bei Amtsantritt auf die Republik Österreich abgeben müssen, nicht als unbedingte Verpflichtung gegenüber der Republik und den Wählerinnen und Wählern zu verstehen, sondern lediglich als Möglichkeit, als eine Art „Option zur Loyalität". Das Gelöbnis, das Bundespräsident, Bundeskanzler und Bundesminister beim Amtsantritt ablegen müssen, fordert jedoch ausschließlich die unbedingte Loyalität der obersten Exekutive zur Republik Österreich:

„Ich gelobe, dass ich die Bundesverfassung und alle Gesetze der Republik getreulich beobachten und meine Pflichten nach bestem Wissen und Gewissen erfüllen werde."[148]

Nun ist Österreich seit 1995 auch Mitglied der Europäischen Union. Die Europäische Union ist eine zentralistische Organisation mit Interessen und Zielen, die der demokratischen Republik Österreich zunehmend entgegenstehen. Die politische Willensbildung zwischen der Union und dem Nationalstaat Österreich ist ein Nullsummenspiel. Was einer der Akteure gewinnt, muss der andere verlieren. Denn die Ziele der Union sind mit den Zielen der Bürger der Mitgliedsstaaten, die ihre Souveränität wahren wollen, nicht identisch. Demzufolge kann die EU nur auf Kosten ihrer Mitgliedstaaten zentralistisch werden, indem sie deren Souveränität einschränkt.

Seit Beginn des Ukraine-Kriegs machen die EU und ihre Kommissarinnen und Kommissare immer weniger ein Geheimnis daraus, dass sie keine souveränen Nationalstaaten wollen, die ihre mit Lobbyisten akkordierten Beschlüsse durch Vetorechte blockieren können. Auch die Mehrheit der rund 29.000 Lobbyisten, die allein in Brüssel für Konzerne und NGOs tätig sind, arbeitet für Organisationen, die von entmachteten Nationalstaaten träumen.[149]

WER ENTSCHEIDET, OB ES KRIEG GIBT?

Politik und Wirtschaft galten jahrzehntelang als zwei getrennte Bereiche. Politiker machen Gesetze. Unternehmen produzieren Produkte und Dienstleistungen und erzielen Gewinne. So wurde es jahrzehntelang in Schulen und Universitäten gelehrt. Doch das stimmt schon lange nicht mehr: Konzerne erwirtschaften heute nicht nur Gewinne, sondern mischen auch immer stärker in der politischen Willensbildung mit. Wie geht das?

Es gibt eine wachsende Bewegung, die Regierungen, Monopolkonzerne und NGOs zusammenbringt: Das World Economic Forum hat diese Öffentlich-Privaten-Partnerschaften (ÖPP) in seinem Mission Statement als seinen Organisationszweck definiert. Public-Private-Partnership (Public Private Cooperation) ist der Grund, warum es das WEF überhaupt gibt.[150]

Durch diese PPPs, die streng vertraulich sind, wird es immer schwieriger, zu unterscheiden, wo der private Sektor aufhört und wo die Regierung beginnt. Wer regiert unser Land? PPP und Transparenz sind erbitterte Gegner. Was wurde in den Pfizer-SMS zwischen der Kommissionspräsidentin und dem CEO von Pfizer auf Kosten der Steuerzahler vereinbart? Streng vertraulich. SMS gelöscht. Was steht in den Knebelungsverträgen für die aus Steuergeldern bezahlten mRNA-Impfungen? Verträge zu Lasten Dritter. Die Steuerzahler zahlen für PPP-Verträge, deren Inhalt sie nicht kennen dürfen. Die „Private-Partners" der Regierungen – ca. 100 „Strategische Partner" des WEF – sind zu Vollstreckungsermächtigten der Regierungen geworden und spielen sich immer mehr als Vertreter der Moral auf.[151]

Warum wohl? Vielleicht liegt es daran, dass Monopolkonzerne in Kooperation mit Regierungen tun können, was Regierungen nach der Verfassung und den Grund- und Menschenrechten nicht tun dürfen.

Klaus Schwab, Gründer und Chef des Weltwirtschaftsforums, sprach Klartext, worum es bei PPP geht: „Lassen Sie es uns klarstellen: Die Zukunft passiert nicht einfach. Die Zukunft wird von uns gestaltet. Durch eine mächtige Gemeinschaft wie Sie hier in diesem Raum. Wir haben die Mittel dazu."[152]

Sein Nachfolger als Chef des World Economic Forums, Larry Fink, CEO der weltgrößten Vermögensverwaltung BlackRock Inc., kennt beim Thema Macht auch keine Hemmungen und hat angekündigt, das Verhalten von Konzernvorständen, an denen sein 12.530 Milliarden schwerer Konzern beteiligt ist, erzwingen zu wollen. „You have to force behavior. And BlackRock, we are forcing behaviors."[153]

BlackRock ist die größte Vermögensverwaltung der Welt und an den 500 größten S&P-Konzernen beteiligt. Das private Kapitalsammelbecken verwaltet Vermögenswerte, die dem Zweiundzwanzigfachen des österreichischen Bruttoinlandsprodukts entsprechen.[154]

Hat man die Finanzmärkte und die wichtigsten Konzerne unter Kontrolle, kann man den Zugang zu Kapital steuern, Druck auf die Vorstände ausüben und so große Konzerne lenken. Vermögensverwaltungen entscheiden, wo sie investieren.

DER FAKTOR E = DIE ECONOMY UND DAS FIAT-GELDSYSTEM

Kriege müssen finanzierbar sein. Geld ist ein Machtmittel. Das derzeitige Fiat-Geldsystem ist optimal geeignet, Kriege zu finanzieren.

Fiatgeld ist ungedecktes Geld, das von Zentralbanken aus dem Nichts geschaffen wird. Wäre eine vorherige Spartätigkeit notwendig, um Kriege zu führen, dann wären die Verschuldungsorgien der jüngeren Vergangenheit überhaupt nicht durchführbar gewesen, beweist Benjamin Mudlack, Autor des neuen Buches „Neues Geld für eine neue Welt – Warum Geld kein Herrschaftsinstrument sein darf."[155]

Warum gibt es Anfang der Siebziger Jahre so viele Kriege? Die Genfer Akademie für humanitäres Völkerrecht und Menschenrechte etwa listet zurzeit 110 bedeutende Konflikte auf.[156]

Eine der Ursachen ist in der Abschaffung der Golddeckung der Leitwährung US-Dollar zu finden:

US-Präsident Richard Nixon schaffte 1971 die Golddeckung des Dollars ab; seitdem wird der Dollar als deckungsloses Schuldgeld gedruckt. Ohne ungedecktes Schuldgeld und der unbegrenzten Lizenz zum Gelddrucken hätten die USA den Vietnamkrieg und die folgenden Kriege nicht finanzieren können.

„Fiat Lux!“ – es werde Licht, sprach der Schöpfer der Welt in der Bibel. „Fiat Money!“ sprachen die selbsternannten Götter der Wall Street und schenkten sich selbst eine ungedeckte Papierwährung, die durch einfache Mouseclicks ihrer Zentralbanken beliebig vermehrbar wurde.

Der Traum der Alchemisten des Mittelalters wurde wahr: Lord Mervin King, der ehemalige Gouverneur der britischen Zentralbank, beschrieb dieses historische Ereignis in seinem Buch „Das Ende der Alchemie“.[157]

Die Alchemisten wollten aus wertlosen Metallen Gold produzieren. Das ist vor 54 Jahren über den Umweg des Fiat Geldes gelungen. Die Zentralbanken erschaffen Papiergeld aus dem Nichts und kaufen damit Gold. Mit Papier kann man also Gold machen – man muss dazu kein Alchimist, sondern „nur“ Zentralbanker sein.

Die Zentralbanken erzeugen Geld durch die Monetarisierung von Schulden, wobei jeder neu geschaffene Euro den bestehenden Euros an Wert raubt. Durch das Aufblähen der Geldmenge (Inflation) reduzieren sie die Ersparnisse des produktiven Mittelstandes und schwächen die Kaufkraft des Geldes. Inflation ist also die Ursache, Teuerung ist die Folge. Die produktive Energie der Realwirtschaft wurde zur Macht der Finanzindustrie transformiert. Die Fiat-Währung hat die Realwirtschaft in eine Abhängigkeit von der Finanzindustrie gezwungen. Seit der Abschaffung des Goldstandards im Jahr 1971 gibt es für die Zentralbanken keine Grenzen mehr beim Gelddrucken.

Wussten Sie, dass bereits 137 Zentralbanken weltweit an der Einführung von digitalen, individuell programmierbaren Zentralbank-Währungen (CBDC) arbeiten?[158]

Politik und Zentralbanken versprechen durch den digitalen Euro mehr „Bequemlichkeit", während sie gleichzeitig die Architektur für die totale Finanzüberwachung aufbauen.

Denn CBDCs sind digitale Fiat-Währungen, die beliebig erweiterbar und für jede Person individuell programmierbar sind. Eine Verbindung des digitalen Zentralbank-Euros mit der Digitalen ID und einem CO_2-Sozialkreditsystem wäre das Ende jeder Freiheit und Menschlichkeit.[159]

DER FAKTOR S = DIE GESELLSCHAFT UND DIE PROPAGANDA

Kriege müssen gesellschaftlich akzeptabel gemacht werden. Die bewusste und intelligente Manipulation der organisierten Gewohnheiten und Meinungen der Massen ist ein wesentliches Element der [kriegsführenden] Gesellschaft. (Edward Bernays, Propaganda, 1928)

Weil die Nachfolger der Herrscher heutzutage ohne die Zustimmung der Massen nicht mehr tun können, was sie wollen, finden sie in der Propaganda ein immer mächtigeres Instrument, um diese Zustimmung zu erlangen. Das Muster, um vermeintliche Mehrheiten für Aufrüstungsprogramme zu organisieren, ist immer identisch und sehr simpel: „Wir sind gut, der Feind ist böse". Im Krieg ist nicht nur die Wahrheit, sondern auch das selbstständige Denken verboten. „Der Feind ist unser größter Gegner", wiederholte ein Unteroffizier in der Kaserne Kaisersteinbruch, in welcher ich meinen Grundwehrdienst abgeleistet habe, sein unsägliches Mantra. Soldaten, die seinen sinnbefreiten Spruch lustig fanden, mussten viele Liegestütze machen …

So wie das Finanzsystem unsere wirtschaftliche Realität formt, steuert die Informationslandschaft unsere Wahrnehmung durch konzentrierte Kontrolle.

Sechs US-Medienkonzerne kontrollieren 90 % der Medien; 1983 waren es noch 50 Medien-Unternehmen. Vier Nachrichtenagenturen – Reuters, AFP, AP und dpa – bestimmen bei uns im Westen, was kommuniziert wird.

Und was in den Leitmedien nicht kommuniziert wird, das hat nicht stattgefunden.

Dabei geht es also nicht nur um die Erzählung von Geschichten („Narrative"), sondern um die Herstellung künstlicher Realitäten und die Erzeugung einer sozialen Spaltung.

Das Fiat-Nachrichtensystem, das auf den gleichen Prinzipien wie die Fiat-Währung basiert, funktioniert folgendermaßen: Etwas wird verkündet, wiederholt, „nachgedruckt" und durchgesetzt, und schon ist es im Bewusstsein der Massen verankert.

Hinter der Illusion der Medienvielfalt verbirgt sich eine konzentrierte Eigentümerschaft: BlackRock und Vanguard, die beiden weltgrößten Kapitalsammelbecken, sind nicht nur an den wichtigsten Rüstungskonzernen beteiligt, sondern auch die Hauptaktionäre aller großen Medienunternehmen. Sie besitzen Anteile an Rüstungsunternehmen wie Lockheed Martin und Rheinmetall sowie an Pharmaunternehmen wie Pfizer und Medienunternehmen, die für die „Fiat-Nachrichten" und Schlagzeilen sorgen.

Das von BlackRock und Vanguard gemeinsam verwaltete Vermögen beträgt mehr als zwanzig Billionen Euro. Zum Vergleich: Das Bruttonationalprodukt Deutschlands, der viertgrößten Wirtschaft der Welt, beträgt 4,3 Billionen Euro (2024).

Richard Salant, der frühere Präsident von CBS News, hat die Rolle der Medien wie folgt beschrieben: „Unsere

Aufgabe ist es, den Menschen nicht das zu geben, was sie wollen, sondern das, was sie unserer Meinung nach haben sollten."[160]

Indem sie die Gesellschaft in viele gegensätzliche Lager aufteilen – links gegen rechts, schwarz gegen weiß, geimpft gegen ungeimpft – sorgen sie dafür, dass die Menschen sich weiterhin gegenseitig bekämpfen, anstatt nach oben zu schauen und zu erkennen, wer die Fäden in der Hand hält.

Es geht nicht nur darum, Andersdenkende zum Schweigen zu bringen, sondern auch darum, den Glauben der Menschen zu formen.

Selbst die vertrauensvollsten Bürger – ich nenne diese Mitbürger „Vertrauenspraktiker", weil sie alles glauben, was sie in den Nachrichten hören – begannen allmählich, die Steuerung der Erzählung zu bemerken.[161]

Die Informationsfabrik steuert nicht nur, was wir sehen, sondern auch, wie wir über das Gesehene denken sollen oder dürfen. Die Algorithmen für die „Pflege" von Inhalten schaffen Echokammern, während die koordinierte Nachrichtenübermittlung die Illusion eines Konsenses erzeugt.

Viele „Leitmedien", zur bewussten und intelligenten Manipulation der Massen, wie es der Begründer der Public Relations, Edward Bernays, in seinem Buch „Propaganda" beschrieben hatte, befinden sich im Besitz von Unternehmen, die von Regierungsverträgen abhängig sind und von den Behörden, über die sie berichten, reguliert werden.

Wenn Sie dem Geld folgen – von der Pharmawerbung bis zum Eigentum der Rüstungsunternehmen –, sehen Sie, dass die Leitmedien nicht über das System berichten – sie sind das System.

Die Manipulation von Informationen dient als Vorläufer für den vielleicht verheerendsten Ausdruck zentralisierter Macht: die Maschinerie des endlosen Krieges.

FAKTOR T = TECHNOLOGIE UND UMSTELLUNG AUF KRIEGSINDUSTRIE

Für Kriege benötigt man Waffen, die finanziert, produziert, gekauft und verbraucht werden müssen. Waffen sind keine Investitionsmittel, sondern kurzfristige Konsumgüter. Sie werden rasch verbraucht und sind teuer. Im Ukrainekrieg wurden Unmengen an militärischem Gerät und Munition verbraucht oder sind kaputtgegangen. Folglich können Kriege nur dann über einen längeren Zeitraum „geführt" werden, wenn die Voraussetzungen gegeben sind, um verbrauchte Waffen rasch ersetzen zu können.

Eine schnelle und effiziente Nachproduktion von Kriegswaffen wie Drohnen, Raketen, Munition, Panzern, Flugzeugen und Artilleriegeschossen ist daher wesentlich. Je schneller dieser Ersatzprozess möglich ist, desto länger kann das Geschäftsmodell Krieg ausgebeutet werden. Aktuell erleben wir, dass der Slogan ausgegeben wird: „Europa (gemeint sind die EU und die NATO-Staaten) muss kriegstüchtig werden." Die Eskalation dieses Geschäftsmodells wird hinausgeschoben, da für die Aufrüstung Zeit und Geld benötigt werden.

Die Kriege haben eine Welle an Rüstungsausgaben ausgelöst: So wurde beispielsweise in Deutschland ein „Sondervermögen" (richtig: Sonderschulden) für die Aufrüstung der Bundeswehr in Höhe von 180 Milliarden Euro beschlossen. Dieses schuldenfinanzierte „Vermögen" wurde inzwischen konsumiert.

Auch in Österreich läuft die Umstellung auf Kriegswirtschaft auf Hochtouren. So erlöst Steyr Motors mehr als

60 Prozent seiner Umsätze mit Kunden aus dem Verteidigungssektor.[162]

WARUM IST KRIEG BEI INVESTOREN SO BELIEBT?

Erstens ist Krieg ein Geschäftsmodell mit garantierter Rendite. Kriege werden durch Steuerzahler und gesicherte Kredite finanziert. Im Notfall können die Investoren zudem auf die Vermögenswerte des Staates und der privaten Haushalte zugreifen.

Zweitens verdienen Investoren doppelt oder sogar dreifach: an der Zerstörung, am Wiederaufbau und an der Ausbeutung der eroberten Rohstoffe.

Zunächst profitieren sie von der Kurssteigerung der Rüstungskonzerne. Die Kurse dieser Konzerne explodieren. So stieg beispielsweise der Kurs der Rheinmetall-Aktie seit 2021 von 82,94 auf 1.891,50 – ein Plus von sagenhaften 2.308 Prozent.[163]

Später, nachdem alles zerstört ist, muss wieder aufgebaut werden. Die vorangegangene Zerstörung eröffnet einen riesigen Markt für Investitionen. Nach den Weltkriegen herrschte unter den Investoren Goldgräberstimmung. Zu guter Letzt können Kriegsinvestoren auch an den eroberten Bodenschätzen kräftig profitieren. Und 137 Zentralbanken (Stand per 30.09.2025) freuen sich über die Chance, endlich ihr Zentralbankgeld einzuführen, denn in Zeiten der Not sinkt der Widerstand der Bevölkerung gegen das programmierbare Kontrollgeld.[164]

Gegenwärtig wird die Kriegsindustrie zum Hoffnungsträger für die lahmende Friedenswirtschaft, die in der Ideologie der „Net-Zeros“, unter gesprengten Pipelines, explodierenden Energiepreisen, exorbitanten Exportzöllen, CO_2-Abgaben sowie dem Korporatismus der Public-

Private-Partnerships zwischen Monopolkonzernen und Regierungen schwer in Mitleidenschaft gezogen wird.[165]

WIE GELINGT FRIEDE? WAS KÖNNEN WIR TUN?

Das Geschäftsmodell Krieg ist ein künstliches System. Wie jedes künstliche System besitzt es ein natürliches Gegenstück: den Frieden. Nicht Krieg, sondern Friede ist der natürliche Zustand unserer Welt. Krieg und künstliche Systeme sind von unserer Teilnahme, unserem Glauben und letztlich unserem Gehorsam abhängig. Kriegspropaganda hat nur dann einen Wert, wenn wir ihr Glauben schenken. Die Autorität der Kriegstreiber hat nur dann Macht, wenn wir sie akzeptieren. Die „Narrative" (Geschichten) der Kriegspropagandisten funktionieren nur, wenn wir sie konsumieren, indem wir sie glauben.

Die Lösung ist nicht komplex: Echte Freundschaften aufbauen, echte Gespräche führen, echte Gemeinschaft schaffen, echte Werte austauschen. Wer das Echte einmal erlebt hat, kehrt nicht zu künstlichen Fiat-Systemen zurück. Genauso wenig kehrt man zu Junk-Food mit Emulgatoren zurück, nachdem man natürliche Bio-Lebensmittel gekostet hat. Und man investiert nicht in ein zinsenloses „Sparbuch", wenn man weiß, dass der Euro in Österreich seit Januar 2020 mehr als ein Fünftel (22,2 % per Juli 2025) an Kaufkraft verloren hat.[166]

Die Wende wird nicht kommen – sie ist schon da. Die Pharmaindustrie hat zwar gewaltig an den mRNA-Impfungen und PCR-Tests verdient, musste aber dennoch eine Niederlage einstecken, weil ihre Vertragspartner, die Politiker, in ihrem Machtrausch die Zügel zu sehr anziehen wollten. Der „Philanthrop" Bill Gates konnte seinen Business Plan, den er in der Tagesschau vom 10. April 2020 beschrieb, sieben Milliarden Menschen mit modifizierter RNA zu spritzen, nicht umsetzen. Denn um sieben Milliarden

Menschen zu „impfen", hätte er eine globale Impfpflicht gebraucht. Der Testmarkt in Österreich für die Durchsetzung der Impfpflicht scheiterte jedoch am erbitterten Widerstand der Bevölkerung: Im November 2021 demonstrierten hunderttausende Menschen in Österreich gegen die „Impfpflicht" und verhinderten durch ihren friedlichen Protest die Umsetzung eines von der Regierung bereits beschlossenen, verfassungswidrigen Impfpflicht-Gesetzes.[167]

Fazit: Jede friedliche Demonstration gegen den Krieg schwächt das gewaltsame Geschäftsmodell Krieg. Jeder Bitcoin und jede Goldmünze ist ein Misstrauensvotum gegen ihr Geldsystem. Jeder Elternteil, der seinen Kindern zeigt, wie konstruktiver Diskurs funktioniert, verbessert das Bildungssystem. Jeder Lehrer, der seinen Schülern erklärt, wie das Fiat-Geld-System funktioniert, entblößt das System des Gelddruckens, ohne das Kriege nicht möglich wären. Jeder Einkauf bei kleinen und mittleren Unternehmen – dem wirtschaftlichen und sozialen Rückgrat unseres Staates – ist eine Abstimmung für unsere KMU und gegen die „Strategischen Partner" des WEF mit ihrem PPP-Korporatismus.

Der Übergang zum Frieden, zu einem Geldsystem, das kein Herrschaftssystem ist, zu sozialer Marktwirtschaft und Rechtsstaatlichkeit ist nicht nur möglich, sondern unvermeidlich. Die Wahrheit braucht keine Propaganda und akzeptiert keine Einschränkung des Diskurskorridors. Frieden und Freiheit werden uns nicht von Autoritäten gewährt – sie müssen wir uns selbst geben, denn sie sind der natürliche Rechtszustand der Menschheitsfamilie.

Krieg? Nein, wir sind nicht dabei!

REGIEREN IST ORGANISIERTE KRIMINALITÄT

TOM-OLIVER REGENAUER

Der Staat geriert sich als Bewahrer von Demokratie und Menschenrechten, als singuläres Modell zur Aufrechterhaltung gesellschaftlicher Ordnung. Dabei haben die Strukturen supranationaler ‚Global Governance' das Konzept Nationalstaat längst obsolet gemacht. Und auch ein Blick auf das Handeln des Machtapparats Staat lässt begründete Zweifel an dessen öffentlicher Darstellung aufkommen – denn das Kerngeschäft eines jeden Staates besteht aus Unterdrückung, Raub und Mord.

„Wenn das Volk die Regierung fürchtet, haben wir Tyrannei. Wenn die Regierung das Volk fürchtet, haben wir Freiheit" – soll Thomas Jefferson, einer der Gründerväter der USA, dereinst festgehalten haben. Wer sich also in Anbetracht des Status quo noch nicht ganz sicher ist, mit welchem Herrschaftssystem ihn die kriegslüsterne Biosicherheitsdoktrin der Postmoderne beglückt, mag in Jeffersons Worten entsprechende Inspiration finden. Denn mit Demokratie hat die ohrenbetäubende Kakofonie von Stil-, Rechts- und Sinnbrüchen selbstverständlich nichts zu tun. Die verblassende Pluralismussimulation der zurückliegenden Dekaden mausert sich zu dem, was mental mobile Staatstheoretiker, Historiker, Philosophen, Journalisten und Aktivisten seit langem erwarten – einer offen kriminellen Terrorherrschaft. Selten war klarer als jetzt: Regieren ist organisierte Kriminalität.

Folgt man Thomas Hobbes und Friedrich Nietzsche, ist der Staat ein „Ungeheuer". Während Hobbes diesen Umstand durchaus goutierte, fand Nietzsche ihn abstoßend.

Und zwar zurecht. Denn die repressiven Züge, die das Staatskonzept seit der frühen Neuzeit kennzeichnen, sind inhärenter Bestandteil der Politikproduktion. Egal, welche Ideologie ein Staat vertritt, seinen Souveränitätsanspruch kann er nur mit Gewalt durchsetzen. Nach außen mit Krieg, nach innen mit dem auf konstant interpretationsoffener werdenden Gesetzen basierenden Gewaltmonopol. Im Rahmen seiner Halbwertszeit durchläuft jedes Herrschaftskonstrukt vergleichbare Zyklen. Ist ein Staat gegründet, eine Regierung ausgerufen, institutionalisiert sie das favorisierte politische Modell – Demokratie, Sozialismus, Konservatismus, Liberalismus, et cetera – und vereinnahmt ihre Untertanen mit Indoktrination, Zugeständnissen und moderater Autonomie. Doch Macht korrumpiert. Und macht gierig. Vor allem in repräsentativen Systemen wie der korporatisierten Sozialdemokratie, wo Einfluss einen monetären Wert darstellt.

Die Folge: Lobbyismus, Korruption, Lagerbildung, Grabenkämpfe und Obszönitäten. Einer Phase relativer Freiheit und Prosperität folgt so bald eine mehr oder weniger harsche „Entdifferenzierung“[168] – also die Auflösung alter Strukturen, Funktionen und Integrationsmechanismen. Die herrschenden „Machteliten“[169] grenzen sich nach zwei Seiten ab. Auf der einen von regimetreuen Bewahrern des ursprünglichen Konzepts, den Konservativen, auf der anderen von den Gegnern „progressiver“ Reformen. Reformen, von denen zumeist die von wachsender staatlicher Machtfülle benachteiligte Bevölkerung betroffen ist. Diese zahlt natürlich auch die Zeche. Rechtsprechung und Medien passen sich diesem zusehends autoritären Umfeld an, um ihre Daseinsberechtigung nicht einzubüßen. Mit dem Implementierungsgrad solcher Reformprojekte aus dem Elfenbeinturm, in der Regel begleitet von ausufernder Bürokratie, wachsen die Widerstände dagegen. Aus Autokratie wird Totalitarismus. „Erst ist es ein Polizeistaat, dann kommen die Aufstände“. Die „Mistgabeln“[170]. Aus der

Vogelperspektive betrachtet sind es stets die gleichen zivilisatorischen Prozesse. Seit Jahrhunderten. In allen Systemen. Offen ist nur, wie brutal der Staat vorgehen muss, um sich an der Macht zu halten – und wie lange es dauert, bis die Arroganz der wenigen dennoch an der Macht der vielen erstickt.

Denn schlussendlich fällt jedes Imperium. Das lehrt die Geschichte. Hat das System den Zenit überschritten, fällt ob der grotesken Machtexzesse und Schizophrenien auch den konformistischsten Etatisten auf, dass die politmediale Schmierenkomödie nichts mehr mit der Realität des eigenen Lebens zu tun hat. Gewalt greift Raum. Psychische Gewalt – und physische. Demnach hat nun zweifelsohne auch der vermeintlich liberale Rechtsstaat der von supranationalen Verordnungen diktierten Gegenwart sein finales Entwicklungsstadium erreicht: Die Tyrannei.

„Seht uns nur an. Alles ist verdreht, alles steht Kopf. Ärzte zerstören Gesundheit, Anwälte zerstören Gerechtigkeit, Psychiater zerstören Verstand, Wissenschaftler zerstören Wahrheit, Massenmedien zerstören Information, Religionen zerstören Spiritualität und Regierungen zerstören die Freiheit.“[171]

Neu ist das alles nicht. Nur die Darreichungsformen und Machtinstrumente von Herrschaft wandeln sich über die Jahrhunderte. Die disziplinierenden Kontrollmechanismen zur Subordination der Massen professionalisieren sich im Rahmen des technologischen Fortschritts. So wirkt der Panoptismus der Postmoderne vor allem deshalb monströs, weil unser Gehirn evolutionär nicht darauf eingestellt ist. Es ist der Militarisierung von Information im Dauerfeuer multimedialer Infantilisierungspropaganda in den wenigsten Fällen gewachsen. Wer versucht, dieser omnipräsenten Pervertierung von Realität mit tradierten Denk- und Handlungsmustern zu begegnen, geht unter.

Nicht umsonst klagt der „Widerstand“ in weiten Teilen über Erschöpfungszustände, Verschleiß, Burnout und Depression. Genau da soll er in Augen des Staatskonzeptes sein – am Ende. Aufgerieben. Entmutigt. Ohnmächtig. Dabei wäre gerade Humor das Patentrezept, um auch düsteren Zeiten ein erfülltes Leben abzugewinnen. Ein freies Leben. Denn frei wird man nicht, frei ist man – oder eben nicht. Freiheit ist eine Geisteshaltung, kein organisatorisches Problem.

„Unsere Gesellschaft wird von Wahnsinnigen mit wahnsinnigen Zielen geführt. (...) Und ich denke, ich werde als Wahnsinniger eingesperrt, wenn ich das zum Ausdruck bringe. Das ist das Verrückte daran.“[172]

In diesem Lichte betrachtet nimmt es also kaum Wunder, dass das primäre Ziel der regierenden Kaste darin besteht, die Bevölkerung in Angst, Armut, Abhängigkeiten und Agonie zu halten. Selbstbestimmte, selbstbewusste Individuen hätten nämlich nicht nur die Zeit, sondern auch die mentale Kapazität und die Mittel, das Ponzi-Schema des polit-finanziellen Komplexes intellektuell wie organisatorisch zu durchdringen. Dementsprechend ist das Staatskonzept auch nicht darauf ausgelegt, das Individuum zu fördern. Es dient der Implementierung eines konformistischen Kollektivismus. Die Massen sollen sich um die Flagge scharen. Wer kritische Fragen stellt und sich der Polonaise der Gutgläubigen verweigert, gilt als Landesverräter.

Doch nicht nur die vermeintlichen Häretiker sind Opfer staatlicher Willkür und Gewaltherrschaft. Jeder Bürger stellt per se eine potenzielle Gefahr für die Machthaber dar. Dementsprechend agiert das „Ungeheuer“ Staat. Es führt einen konstanten – mehr oder weniger vernichtenden – Krieg gegen die eigene Bevölkerung. Welche Waffen in diesem Gefecht zum Einsatz kommen, erläutert ein von Wikileaks[173] am 13. Juni 2008 veröffentlichtes Geheimdokument[174] der US-Armee vom 20. September 1994. Titel: „Foreign Internal Defense Tactics, Techniques, and Procedures for Special Forces". Zu Deutsch: Taktiken, Techniken und Verfahren zur internen Verteidigung im Ausland für Spezialeinheiten. Julian Assange[175] nannte es einmal „das wichtigste Dokument, das Wikileaks je veröffentlichte". Aus gutem Grund. Denn während der Titel des 219 Seiten umfassenden Strategiepapiers darauf abstellt, dass es sich um Arbeitsanweisungen für Spezialeinheiten handelt, die im Ausland operieren, sind die beschriebenen Methoden der asymmetrischen Kriegsführung genau jene, unter denen – neben dem Rest der Welt – auch die amerikanische Bevölkerung leidet.

Die US-Armee beschreibt im Detail, wie die verdeckt operierenden Kräfte Regierungen absetzen, Oppositionsgruppen infiltrieren, die Bevölkerung manipulieren und Kriege initiieren sollen. Auf Gesetze, Moral oder Kollateralschäden wird dabei keine Rücksicht genommen. Primäres Ziel – koste es, was es wolle – ist die Durchsetzung der Pax Americana im Zielgebiet. Ein paar Zitate verdeutlichen, wie das „Ungeheuer" dabei vorgeht.

„Aufstände sind nicht einfach zufällige politische Gewalt; sie sind gezielte politische Gewalt. Sie erfordern eine Führung, die Vision, Richtung, Anleitung, Koordination und organisatorische Kohärenz bietet. Die Anführer der Aufständischen müssen ihre Sache dem Volk bekannt machen und die Unterstützung der Bevölkerung gewinnen. (...) Ihre Ausbildung, ihr Hintergrund, ihre Familie, ihre sozialen Verbindungen und Erfahrungen prägen ihr Denken und die Art und Weise, wie sie ihre Ziele erreichen. Diese Faktoren prägen auch ihre Herangehensweise an die Problemlösung."[176]

„Die Ideologie von Gruppen innerhalb der Bewegung kann auf unterschiedliche Ansichten über strategische Ziele hinweisen. Gruppen können ideologische Konflikte haben, die gelöst werden müssen, bevor ein Gegner daraus Kapital schlagen kann. Die Ideologie kann wahrscheinliche Ziele und Taktiken nahelegen. Sie beeinflusst stark die Wahrnehmung der Umgebung durch den Aufständischen. Diese Wahrnehmung der Umgebung wiederum prägt die organisatorischen und operativen Methoden der Bewegung."[177]

„Wenn eine Situation explosiv ist, kann fast jedes Ereignis als auslösendes Ereignis dienen. Das richtige Timing kann auch in kurzer Zeit eine Flut von Ereignissen hervorrufen, sodass es schwierig ist, ein einzelnes Ereignis als die Handlung zu bezeichnen, die den Kampf ausgelöst hat. Daher kann es hilfreicher sein, eine Reihe von Handlungen als auslösendes Ereignis zu betrachten. Auslösende Ereignisse können historisch sein – und die Aufständischen erinnern die Bevölkerung an das Ereignis. Diese Technik befreit den Aufständischen davon, auf ein geeignetes Ereignis zu warten."[178]

„Oft sind es die Armen, die im Krieg kämpfen. CSDF-Programme (CSDF: Civilian Self-Defense Force) bieten der wohlhabenden Klasse die Möglichkeit, direkt und persönlich am Kampf gegen Gesetzlosigkeit und Aufstände beteiligt zu sein. Geschäftsleute und Fachleute beteiligen sich an CSDF aus einem Gefühl der bürgerlichen Pflicht, aus Stolz und aus der Notwendigkeit, ihr Vermögen zu schützen. Ihre aktive Beteiligung verleiht dem Programm Glaubwürdigkeit, stärkt die Legitimität der Regierung und verringert Klassenkonflikte. Wohlhabendes Personal kann bei der Ausstattung seiner Einheiten mithelfen. Es darf ihnen jedoch nicht gestattet sein, den Teilnehmern ein Gehalt zu zahlen."[179]

„PSYOP-Personal oder in PSYOP ausgebildete SFOD-Mitglieder (SFOD: Special Forces Operational Detachment) erleichtern die Zusammenarbeit zwischen der lokalen

Bevölkerung und dem HN-Militär (HN: Host Nation). Wenn qualifiziertes oder fähiges HN-Personal verfügbar ist, arbeitet das US-Personal durch sie. CSDF-Elemente müssen in der Anwendung von PSYOP geschult werden, um die Bevölkerung über die Vorteile zu informieren, die sie durch die Zusammenarbeit mit ihnen erzielen. PSYOP-Themen müssen sich an nationale und/oder fiktive Themen halten, um eine einheitliche Politik darzustellen. Es ist entscheidend, dass PSYOP zunächst an die lokale Bevölkerung gerichtet wird, um ihre Unterstützung der Aufständischen zu beenden und ihre Akzeptanz und Zusammenarbeit für das CSDF-Programm zu gewinnen. (…) PSYOP kann die Mission unterstützen, indem es die aufständischen Kräfte bei neutralen Gruppen diskreditiert, Zwietracht unter den Aufständischen selbst sät und Überläuferprogramme unterstützt. Spaltungsprogramme führen zu Zwietracht, Desorganisation, niedriger Moral, Subversion und Überläufern innerhalb der aufständischen Kräfte. Wichtig sind auch nationale Programme, um Aufständische mit Angeboten von Amnestie und Belohnungen auf die Seite der Regierung zu ziehen. Die Motive für eine Kapitulation können von persönlichen Rivalitäten und Bitterkeit bis hin zu Desillusionierung und Entmutigung reichen. Druck seitens der Sicherheitskräfte hat Überzeugungskraft. (…) Alle Agenten werden genau beobachtet und diejenigen, die nicht zuverlässig sind, werden abgelöst. Wenige, zielgerichtete, zuverlässige Agenten sind besser und wirtschaftlicher als viele schlechte. (…) Sicherheitskräfte können Einzelpersonen aus der Bevölkerung dazu bringen, Informanten zu werden. Sicherheitskräfte nutzen verschiedene Motive (Staatsbürgersinn, Patriotismus, Angst, Strafvermeidung, Dankbarkeit, Rache oder Eifersucht, finanzielle Belohnungen) als überzeugende Argumente. Sie nutzen die Zusicherung des Schutzes vor Repressalien als Hauptanreiz.“[180]

Zusammengefasst: Die Reichen bezahlen, sorgen für Stimmung und Glaubwürdigkeit, die politische Klasse passt die

Vorgehensweise an lokale Strukturen, herrschende Ideologien, Demoskopie und Kommunikationsprozesse an – und die Armen werden zum Sterben an die Front geschickt. Und das sind nur kurze Einblicke in ein über 200 Seiten starkes Handbuch zum Krieg gegen die Zivilbevölkerung, die in Augen des Hegemon offenkundig nichts anderes als Verfügungsmasse und Kanonenfutter ist. Man möchte Julian Assange beipflichten: Dieses Dokument erklärt nicht nur, warum unsere Gesellschaften, die Wirtschaft und das moralische Koordinatensystem des Homo sapiens in Auflösung begriffen sind – die Skrupellosigkeit der im Detail beschriebenen Methoden lässt einem das Blut in den Adern gefrieren. Selbst nach auszugsweiser Lektüre muss man konstatieren: Nietzsche hatte Recht. Der Staat ist ein eiskaltes Ungeheuer.

Doch was ist der Staat? War es früher das klar erkenntliche Machtvehikel von Monarchen, Imperatoren, Familiendynastien und Klerus, erweckt das Staatskonzept der jüngeren Neuzeit gerne den Eindruck, es hätte sich von dieser Despotie der wenigen gelöst, stünde für sich, auf einem Fundament des Volkswillens, der sich in Verfassungen, Gesetzen und Wahlen widerspiegelt. Weit gefehlt. Auch die „Global Governance" von heute ist nichts anderes als Despotismus. Weithin kontrolliert von den gleichen Bankenkartellen, Familien, Unternehmen und Organisationen, die seit Generationen den Lauf der Welt bestimmen. Die Regenbogen emanierende Pluralismussimulation der Postmoderne verbirgt diesen Umstand nur besser. Sie tyrannisiert indirekt. Köpfe werden nicht mehr abgeschlagen, sondern gewaschen. Exakt so, wie es die angloamerikanischen Vordenker dieses Systems im ausgehenden 19. Jahrhundert insinuierten.

„Das Argument, dass die beiden Parteien entgegengesetzte Ideale und politische Ansichten vertreten sollten, eine vielleicht rechts, die andere links, ist eine törichte Idee, die nur für doktrinäre und akademische Denker akzeptabel ist. Stattdessen sollten die beiden Parteien nahezu identisch sein, sodass das amerikanische Volk die Schurken bei jeder Wahl rauswerfen kann, ohne dass es zu tiefgreifenden oder umfassenden politischen Veränderungen kommt. Die politischen Pläne, die für Amerika lebenswichtig und notwendig sind, sind nicht länger Gegenstand großer Meinungsverschiedenheiten, sondern nur noch in Einzelheiten des Verfahrens, der Priorität oder der Methode umstritten."[181]

Sodass nach Scheindebatten, Empörungsmanagement und Abstimmungen nicht vom allgemeinen Kurs abgewichen werden muss. Was Quigleys elitäre Zirkel – er war bis zur Veröffentlichung von Tragedy and Hope einer von ihnen und unterstützte ihre Ideen – für die Rückführung der 13 US-Kolonien sowie die moderne Expansion des britischen Empire vorsahen, ist heute zentrales Element der wertewestlichen Fassadendemokratie. Symptombesprechung, Lippenbekenntnisse, Emotionsamplituden, „Der Dritte Weg"[182] – „wo soziale Gerechtigkeit und Markt miteinander versöhnt werden sollen" – und auch nach der x-ten Wahl bleibt alles beim Alten. Ob Berlin, Brüssel, London, New York, Beirut oder Peking: Ein Potemkin'sches Dorf. Denn wir leben längst in der Idealvorstellung von Benito Mussolini, der den perfekten Faschismus als Korporatismus bezeichnete und als symbiotische Fusion der Macht von Staat und Konzernen verstand. Als „Public Private Partnership".

„Benito Mussolini hat der modernen Sparpolitik den Weg bereitet und die Arbeiterbewegung unterdrückt. Liberale Ökonomen im In- und Ausland bewunderten ihn dafür", schrieb man bei Jacobin[183] am 6. März 2023. So zeitigt das Staatskonzept dieser Tage die gleichen verheerenden Folgen wie die Herrschaftskonstrukte der Vergangenheit. Vertikale Durchlässigkeit begrenzt, das Volk manipuliert, ausgebeutet und gegängelt. Anstelle von Arbeitslagern,

Schlägertrupps und Exekutionskommandos machen heute Algorithmen die Drecksarbeit. Sonst hat sich kaum etwas geändert.

Stand heute leben nach Angaben[184] von Oxfam weltweit knapp fünf Milliarden mehr Menschen in Armut als vor 2020. Das sind die ärmsten 60 Prozent der Menschheit. Zusammen haben sie circa 20 Milliarden US-Dollar verloren. Das Gesamtvermögen der reichsten Deutschen wuchs im gleichen Zeitraum von 89 auf 155 Milliarden US-Dollar – ein Zuwachs von 73,85 Prozent. Die 148 größten Konzerne der Welt konnten zwischen Juni 2022 und Juni 2023 circa 1,8 Billionen Dollar an Gewinnen verzeichnen – ein Anstieg von 52,5 Prozent gegenüber dem Durchschnitt der Jahre 2018 bis 2021. Der Reingewinn stieg gegenüber diesem Zeitraum um 20 Prozent auf 700 Milliarden Dollar. Und die fünf reichsten Menschen der Welt haben ihr Vermögen seit 2020 verdoppelt. Wer vom Nachhaltigkeitskorporatismus profitiert, dürfte damit geklärt sein.

Der Normalbürger dagegen kämpft gegen steigende Steuern, Inflation und anziehende Energiekosten. In einem luftabschnürenden Korsett von Verträgen, Verpflichtungen und Verbindlichkeiten gefangen, bleibt weder Zeit noch Geld für ein Leben in Würde. Der angepasste Regenbogendemokrat wird geboren, indoktriniert, ausgebeutet und dann bestattet. Individuelle Entfaltung ist in diesem Lebensentwurf von der Stange nicht vorgesehen. Die leitmedialen Podiumsdiskussionen um Work-Life-Balance, Gendersprache und feministische Außenpolitik klingen in den Ohren der buckelnden Arbeiterklasse – und auch für weite Teile des schwindenden Mittelstandes – wie blanker Hohn. Das Habitat des Mediazän, das nicht selten den Eindruck erweckt, man lebe in einer fehlerhaft programmierten Simulation, zwingt seinen Bewohner immer häufiger dazu, sich existenziellen Problemen zu stellen: Unterkunft, Nahrung, Fortpflanzung. Überleben.

Noch bezahlt er Jahreslizenzen für Cloud-Software, Netflix für Filme und Streamingdienste für Musik, die er früher erwarb und dann einfach besaß. Noch geht er wählen und entscheidet brav zwischen Pest und Cholera, um vier weitere Jahre nicht die Hoffnung zu verlieren. Noch glaubt, ignoriert oder kommentiert er leidensfähig die intelligenzbeleidigenden Lügengebilde, die als Realität vermarktet werden.

Mithin erstaunlich. Denn nicht erst seit der Corona-Krise[185] belegen nackte Zahlen, dass der Mensch in diesem System nicht nur beraubt und unterdrückt, sondern auch als Versuchskaninchen für den pharmakologisch-finanziellen Komplex missbraucht wird. Nürnberger Kodex hin oder her. Während Robert Koch[186] vor der Schaffung dieses vermeintlichen Bollwerks für die körperliche Unversehrtheit noch ungestraft Menschenversuche in seinen kolonialen Konzentrationslagern durchführen durfte, ist das Thema seit Ende des Zweiten Weltkrieges tabu. Gesetzlich eliminiert. Angeblich. Doch bereits in den 1940er Jahren infizierte[187] der US-Gesundheitsdienst Gefängnisinsassen und psychisch kranke Personen mit Syphilis-Erregern. Von 1946 bis 1949 weiteten die USA das Programm auf Guatemala[188] aus und machten sich zusätzlich über Soldaten und Prostituierte her. Das Echo der angelsächsisch geprägten Eugeniklehre hallte im fortgeführten Rassismus nach.

„Schockierende Fälle wie der Tod der 49 Kinder nach Medikamententests in einem indischen Krankenhaus sind in der Geschichte der Medizin nichts Neues: In den USA wurde Farbigen zu Studienzwecken von 1932 bis 1972 die Syphilis-Therapie verweigert."[189]

Am 20. September 1950 spritzte die US-Marine vor der Küste San Franciscos Mikroben[190] in die Troposphäre, um zu testen, welche Effekte ein Angriff mit Biowaffen auf die damals 800.000 Einwohner der Stadt haben würde. 1953 startete die CIA das MK-Ultra-Programm[191], in dessen Rahmen abertausenden ahnungsloser Menschen LSD verabreicht wurde. Zwei Jahre später nahm „Project Whitecoat“[192] – Projekt Weißkittel – seine Arbeit auf. Die bestand im Verlauf der folgenden 20 Jahre darin, Menschenversuche mit Hasenpest, Typhus, Gelbfieber und Milzbrand durchzuführen. Und Ende der 60er testeten die amerikanischen Streitkräfte Nervengas an den eigenen Soldaten. Der Spiegel[193] schrieb diesbezüglich am 10. Juli 2013:

„11. Oktober, 16:25 Uhr, 26 Stunden nach Testbeginn. Kleine blutende Anomalien am linken Bein festgestellt. Subjekt behauptet, es habe seinen Rasierer fallen gelassen und sich dabei ins Bein geschnitten – doch so war es nicht. Er habe seine Sommersprossen damals für Käfer gehalten, sagt Rochelle: „Die krabbelten überall unter meiner Haut herum“. Den Betreuern habe er nichts davon erzählt, es sei ihm peinlich gewesen: „Ich habe meine Rasierklinge genommen und versucht, die Käfer aus meiner Haut zu schneiden.“ Er war längst nicht mehr selbst dazu in der Lage, die Experimente zu stoppen. Damit war die Einverständniserklärung Makulatur. So wie Frank Rochelle ergeht es in Edgewood mehr als 7.800 US-Soldaten; im ganzen Land sind es rund 100.000. Systematisch haben Militär und Geheimdienste die eigenen Leute seit Ende des Ersten Weltkriegs Giften, Gasen, Drogen und Psycho-Kampfstoffen ausgesetzt, darunter LSD, Sarin, Senfgas, BZ, VX, Barbiturate, Amphetamine, Chlorpromazin und immer so weiter. Nachsorgeuntersuchungen? Fehlanzeige. Erst nach fast sechs Jahrzehnten stoppt das US-Parlament die Menschenversuche im Jahr 1975.“

Ebenfalls bis weit in die 70er hinein injizierte man US-Gefängnisinsassen[194] Pestizide und Herbizide. Mindestens 2.600 Menschen wurden derartigen Versuchen unterzogen. Natürlich musste auch die Atombombe[195] am lebenden Objekt getestet werden. Sowohl Frankreich als auch Großbritannien, die ehemalige Sowjetunion oder die USA schickten Menschen auf die Testgelände. Viele von ihnen segneten danach relativ rasch das Zeitliche. Bis heute kämpfen Bewohner[196] der entsprechenden Landstriche um Entschädigungen, weil sie ihre Krebserkrankungen der im Umland von Testgebieten gestreuten Strahlung zuschreiben. In den 70ern machte sich der Journalist Paul Jacobs[197] auf eigene Faust daran, die Geschichte der Betroffenen zu dokumentieren – um 1978 selbst an Krebs zu sterben. Selbst vor Versuchen an Kindern schreckte das „Ungeheuer" nie zurück, wie wiederum der Spiegel in Ausgabe 45[198] vom 2. November 1986 ausführt:

„Dwayne winkte seiner Mutter zu, sie lächelte zurück, dann schloss sich die schwere Eisentür hinter dem todkranken Kind. Seit drei Jahren wurde Dwayne Sexton am Strahleninstitut des Atomforschungszentrums Oak Ridge im Bundesstaat Tennessee gegen Leukämie behandelt. Er hatte eine qualvolle Knochenmark-Transplantation sowie etliche Runden von Chemotherapie hinter sich. Alles war vergeblich geblieben. Als letztes Mittel wollten die Ärzte nun versuchen, mit massiver Bestrahlung die Krebszellen im Knochenmark des Kindes zu zerstören. Dass diese Methode riskant und – zur damaligen Zeit, 1968 – auch wenig erprobt war, teilten die Ärzte den Eltern des Kindes mit. Was sie aber verschwiegen, war, dass sie auch im Auftrag der amerikanischen Weltraumbehörde NASA arbeiteten. Sie sollten herausfinden, wieviel Strahlung Astronauten im All aushalten würden, ohne krank zu werden. Für die von der NASA bestellte Untersuchung erprobten die Ärzte an ihren Patienten, so hieß es in einem ihrer Berichte, verschiedene „therapeutische Szenarien, die aus Strahlenmengen im All abgeleitet wurden". Im Klartext: Nicht allein medizinische Erwägungen zum Wohl des Patienten setzten die Höhe der Strahlendosis fest, sondern auch die Bedürfnisse der NASA. In diesem Sinn waren die Patienten lebende Versuchskaninchen."

Mindestens 23.000[199] US-Amerikaner wurden von Militäreinrichtungen und Gesundheitsbehörden vorsätzlich verstrahlt. Zu Forschungszwecken. „Kalter Krieg gegen US-Bevölkerung" nannte es die taz am 24. Oktober 1994.

„Zwischen 1950 und 1972 finanzierte das Pentagon außerdem fünf klinische Studien über die Aufnahmefähigkeit des menschlichen Körpers von Strahlen, um Aussagen über die psychologischen wie biologischen Folgen von Atomexplosionen zu erhalten. Die Versuchspersonen waren größtenteils in Armut lebende Schwarze. (...) Bei einem anderen Experiment mussten Soldaten auf Fässern mit radioaktivem Material herumfahren, um zu prüfen, ob ihre Autos sie vor den Strahlen schützten. In Hanford im US-Bundesstaat Washington setzten die Militärs absichtlich eine nukleare Wolke frei, um die Verlagerung der Wolke zu untersuchen. Aufgrund einer plötzlichen Änderung der Wetterlage fielen die radioaktiven Teilchen auf einem 300 Kilometer langen und 60 Kilometer breiten Gebiet nieder (...)[200].

Der Umgang[201] mit der indigenen Bevölkerung wirft kein besseres Licht auf die Vereinigten Staaten. Von fünf bis sieben Millionen Ureinwohnern im Jahr 1500 waren im Jahr 1900 noch 237.000 übrig. Ob Hungersnöte, Sklavenarbeit, Massaker, Umsiedlungen oder „Boarding Schools" – Umerziehungsinternate: Die aus Großbritannien eingereisten Siedler verübten einen Genozid an den indigenen Stämmen. Nachdem die mageren Reste der stolzen Indianervölker in Reservate gepfercht worden waren, suchte der Staat[202] deren Fortpflanzung mittels Zwangssterilisation[203] zu verhindern. Mehr als 60.000 Indigene wurden im 20. Jahrhundert einer solch abscheulichen Behandlung unterzogen. Darüber hinaus war das Eugenik-Programm der USA, das erst 1981 endgültig eingestellt wurde, Grundlage für die Rassenlehre des deutschen NS-Regimes.

Ähnlich ging man in Kanada vor. Seit den 1920er Jahren wurden dort tausende indigene Frauen zwangssterilisiert – bis heute – obwohl die entsprechenden Gesetze mittlerweile abgeschafft wurden. Die Tagesschau[204] vermeldet dazu am 10. März 2024:

„Die Worte des weißen Arztes haben sich Liz (…) ins Gedächtnis gebrannt: „Es ist besser, du stimmst der Abtreibung zu. Denn wir werden dir dieses Baby wegnehmen. So oder so". Die damals 17-jährige Kanadierin vom indigenen Volk der Anishinabe wagt es nicht, zu widersprechen. Verängstigt sitzt sie Ende der 1970er-Jahre im Behandlungsraum der Indian Clinic in der Provinz Ontario, einer Klinik, in der Indigene behandelt werden, damit sie an die sogenannte Zivilisation angepasst werden. (…) Die alleinerziehende Mutter sei nicht in der Lage, für ein weiteres Kind zu sorgen. Der Arzt will ihr deshalb die Eileiter abbinden und sie dadurch sterilisieren. (…) Erst Jahre später wird ihr klar: Sie ist nicht allein. Zehntausende indigene Frauen sind in Kanada seit den 1920er-Jahren im Einklang mit der Eugenik-Gesetzgebung gegen ihren Willen sterilisiert worden. Und obwohl es diese Gesetze nicht mehr gibt, geschieht es bis heute, weiß Senatorin Yvonne Boyer im Kongress in Ottawa (…). Noch immer ist Zwangssterilisation kein Tatbestand im kanadischen Strafgesetzbuch. (…) Vergangenes Jahr wurde in den Nordwest-Territorien ein Arzt bestraft, weil er 2019 eine Inuit-Frau gegen ihren Willen unfruchtbar gemacht hat. Er verlor seine Lizenz – für fünf Monate."

Dass sich nicht nur das angloamerikanische Empire für Eugenik begeisterte, zeigt die Einrichtung des ersten rassenbiologischen Instituts in Schweden im Jahr 1921. Zwischen 1935 und 1976 wurden dort circa 62.000[205] Menschen zwangssterilisiert. Die offiziellen Begründungen für die Eingriffe reichten von „Mischling" über „Alkoholismus" bis zu „dämlich" und „religiös". Sprich: Reine Willkür unter dem Deckmantel der Wissenschaft. Legalisiert vom schwedischen Staat.

Heute begegnen uns die staatlich organisierten Eugenik-Programme unter wohlklingenden Labels wie Bioethik[206], reproduktive Gesundheit[207], biosoziale Forschung[208] und Bevölkerungspolitik. Seit 1954 finden die von den Vereinten Nationen (UN) organisierten Weltbevölkerungskonferenzen[209] statt. Die letzte im November 2019 in Nairobi (Kenia). Was bei diesen Konferenzen besprochen wird, lässt sich anhand eines Artikels[210] des GUARDIAN vom 15. April 2012 oder eines Beitrags[211] von C-Fam (Center for Family and Human Rights) erahnen:

„Großbritannien hat 166 Millionen Pfund (268 Millionen Dollar) für ein Regierungsprogramm in Indien gespendet, das arme Frauen und Männer zwangssterilisiert. Die britische Hilfsorganisation nannte die Notwendigkeit, dem Klimawandel durch Bevölkerungsreduzierung zu begegnen, als Hauptgrund für die Finanzierung des missbräuchlichen indischen Programms (...). Verpfuschte Operationen verursachten Qualen, Blutungen und Todesfälle. In einer von der britischen Regierung ins Visier genommenen Region verblutete die 35-jährige Frau eines armen Arbeiters, die mit Zwillingen schwanger war. Einige Frauen, die während der Schwangerschaft sterilisiert wurden, erlitten Fehlgeburten. Einige wurden mit weniger als acht Dollar und einem Sari bestochen, anderen wurde mit dem Verlust ihrer Lebensmittelkarten gedroht. Manchen wurde gesagt, die Operationen dienten der allgemeinen Gesundheitsfürsorge, und sie erfuhren den wahren Zweck erst zu spät. Kliniken erhielten Prämien für mehr als dreißig Operationen pro Tag. Nichtstaatliche Mitarbeiter wurden für jede Person bezahlt, die sie zu einer Operation überredeten. Ein Chirurg, der in einem Schulgebäude arbeitete, führte in zwei Stunden 53 Operationen durch – ohne qualifiziertes Personal, fließendes Wasser oder Mittel zum Reinigen der Geräte. Berichte der indischen Regierung aus den Jahren 2006 und 2009 warnten vor Problemen mit dem Programm. Dennoch empfahl ein Bericht des britischen Ministeriums für internationale Entwicklung aus dem Jahr 2010 die weitere Unterstützung des Programms mit der Begründung, dass eine Reduzierung der Bevölkerungszahl die Treibhausgase senken würde. (...) Sterilisation ist die häufigste Methode der Familienplanung, die in Phase II des indischen Programms für Reproduktions- und Kindergesundheit eingesetzt wird, das 2005 mit britischer Finanzierung begann. Trotz der Enthüllungen im ersten Jahr hat Großbritannien keine Bedingungen an seine Finanzierung geknüpft. (...) Im Juli wird Großbritannien zusammen mit der Bill & Melinda Gates Stiftung einen Familienplanungsgipfel in London ausrichten. Ziel der Veranstaltung ist es, beispielloses politisches Engagement und Ressourcen von Entwicklungsländern, Gebern, dem privaten Sektor, der Zivilgesellschaft und anderen Partnern zu generieren, um den Familienplanungsbedarf von Frauen in den ärmsten Ländern der Welt bis 2020 zu decken, erklärte das britische Ministerium für internationale Entwicklung. Melinda Gates hielt kürzlich eine Rede, in der sie behauptete, dass die Hilfe bei der Empfängnisverhütung nichts mit Bevölkerungskontrolle oder Zwangssterilisationsprogrammen zu tun habe." (C-Fam, 2. Mai 2012)

„Familienplanungsbedarf"? Dass solche Programme nichts mit „Bevölkerungskontrolle" zu tun haben, ist eine infame Lüge. Schon die von Julian Huxley verfasste Grundsatzschrift[212] der UNESCO von 1946 spricht davon, dass Eugenik wieder salonfähig gemacht werden muss. „Das Undenkbare wenigstens wieder denkbar machen", nannte Huxley es damals. So muss auch die ungezügelte Massenmigration als Waffe im mittlerweile allgegenwärtigen Kampf der Kulturen verstanden werden. Dabei ist allerdings nicht die Migration selbst das Problem – denn auch die Migranten sind Opfer dieser Agenda – sondern der jeweilige Auslöser für diese Zuwanderungsströme. Die verarmten, verzweifelten, traumatisierten, mit falschen Versprechungen gelockten und als Spaltpilz missbrauchten Menschen für die Symptome des wertwestlichen Neokolonialismus verantwortlich zu machen, greift zu kurz.

Die chaotischen Zustände auf deutschen, britischen, schwedischen und französischen Straßen sind kein Zufall, sondern gewollt. Das belegt ein Strategiepapier[213] der Vereinten Nationen[214], das am 21. März 2000 publiziert wurde. Titel des Dokuments: „Replacement Migration: Is it A Solution to Declining and Ageing Populations?“ Übersetzt: „Ersatzmigration: Ist sie eine Lösung für schrumpfende und alternde Bevölkerungen?“. Auf 177 Seiten erläutert die Studie, wie Frankreich, Großbritannien, Deutschland, Italien, Japan oder Russland zurückgehende Geburtenraten durch massenhafte Zuwanderung kompensieren sollen. Auf den Seiten 32 und 33 liest man diesbezüglich:

„Abbildung 1 zeigt einen standardisierten Vergleich der Zuwanderungsströme pro Million Einwohner (Stand: 2000). Aus diesem Vergleich geht hervor, dass im Verhältnis zur Landesgröße die Zahl der Einwanderer, die im Zeitraum 2000-2050 pro Jahr benötigt wird, um den Bestand der Bevölkerung im erwerbsfähigen Alter zu erhalten (Szenario IV), mit 6.500 Einwanderern auf eine Million Einwohner in Italien am höchsten ist, gefolgt von Deutschland mit 6.000 Einwanderern pro Jahr auf eine Million Einwohner. Von den in diesem Bericht untersuchten Ländern und Regionen benötigten die Vereinigten Staaten mit etwa 1.300 Einwanderern auf eine Million Einwohner die geringste Zahl von Einwanderern, um einen Rückgang ihrer Bevölkerung im erwerbsfähigen Alter zu verhindern.“

„Die Zahl der Einwanderer, die notwendig ist, um ein Schrumpfen der Bevölkerung im erwerbsfähigen Alter auszugleichen, übersteigt diejenige, die einen Rückgang der Gesamtbevölkerung ausgleichen würde, um ein Erhebliches. Ob solche höheren Einwanderungszahlen zu den Optionen gehören, die den Regierungen zur Verfügung stehen, hängt zum großen Teil von den sozialen, wirtschaftlichen und politischen Verhältnissen des jeweiligen Landes beziehungsweise der jeweiligen Region ab."

Wer also annimmt, dass die Destabilisierungskriege und Raubzüge der NATO-Hegemonie nur dem Zwecke dienten, missliebige Regierungen auszutauschen und der Rohstoffe eines Landes habhaft zu werden, liegt offenkundig falsch. Wenn das wertewestliche Imperium irgendwo Demokratie abwirft, hat es dabei auch die strategischen Ziele globaler Bevölkerungskontrolle im Blick. Migration als Waffe – gerichtet gegen beide involvierten Parteien. Demnach kann man sich nur wünschen, dass die Gewaltausbrüche zwischen einheimischer Bevölkerung und Migranten in den verschiedenen EU-Ländern rasch ein Ende nehmen und sich die von Verzweiflung herrührende Wut beider Parteien auf das eigentliche Problem fokussiert: Die herrschende Kaste und ihr gesichtsloses Imperium supranationaler Organisationen.

Wahrlich – die Liste an staatlich organisierten, legitimierten, orchestrierten und geduldeten Gräueltaten ließe sich beliebig lange fortführen. Je nachdem, wie weit man zurückzublicken gedenkt. Viele dieser Verbrechen sind Teil der offiziellen Geschichtsschreibung. Jeder weiß es. Dennoch führt dieses Wissen um die Skrupellosigkeit eines im Kern faschistoiden Systems erstaunlicherweise bis heute nicht dazu, dass sich die Menschheit auf andere Formen des Zusammenlebens, der Verwaltung und Organisation einigt. Noch immer sehnen sich die Massen nach Führung, zentraler Steuerung und Ikonen, die ihnen ein besseres Leben versprechen. Dabei belegt die Zivilisationsgeschichte mehr als eindrücklich, dass es sich um leere Versprechen handelt, dass die Hoffnung auf den edlen Ritter, die rettende Wahl oder eine bessere Zukunft reine Illusion ist. Der Machtapparat Staat dient nur einem einzigen Zweck – dem Erhalt des Machtapparats.

Es bedarf demnach auch keiner Diskussion um marginale Optimierungen des herrschenden Systems. Denn wer nur Symptome behandelt, wird die Ursache der Krankheit nicht eliminieren. Es bedarf der konstruktiven Debatte darüber, wie dieses System in Gänze zu ersetzen ist.

Dabei gilt es, eigene Narrative zu entwickeln. Geschichten. Vorstellungen von einer freiheitlich organisierten Zukunft. Von einem lebenswerten morgen. Für eine Zeit nach dem „Ungeheuer“. Wir brauchen Ideen, von denen wir nachfolgende Generationen begeistern können. Und damit ist nicht die technische Verbesserung des Smartphones oder eine neue App gemeint, sondern eine Utopie. Denn gegen etwas zu sein, ist einfach. Für etwas zu sein, dagegen nicht.

So engagieren wir uns längst nicht mehr nur für den Erhalt der Meinungsfreiheit, sondern für die Bewahrung des freien Willens. Denn was im Namen des Staates – „im Namen des Volkes“ – und damit im Namen jener Menschen, die den Staat durch Wahl oder Duldung legitimieren, geschah, geschieht und geschehen wird, kann kein emotional gesundes Mitglied unserer Spezies wirklich wollen.

WIE GELINGT FRIEDEN? – WIRKLICH WIRKEN KÖNNEN WIR IM KLEINEN

MAG. ELISABETH MAYERWECK

Kriege gibt es mindestens seit der Jungsteinzeit und der Erfindung der Landwirtschaft. Die Menschen wurden sesshaft, verfügten plötzlich über Besitz, und Klassenunterschiede stellten sich nach und nach heraus. Kämpfe um Ressourcen und Territorien gehörten bald zur Tagesordnung und waren gekommen, um zu bleiben. Schon bald bemerkten die Menschen auch, dass es sich als viel vorteilhafter erwies, die gefangenen Feinde nicht direkt zu ermorden, sondern sie zur Zwangsarbeit zu verpflichten. Sklaverei ward geboren. Sie existiert auf allen Kontinenten und in jeder einzelnen Nation und sichert immer einen frischen Nachschub an Arbeitskräften.

Sklaverei, Raubzüge, Brandschatzung, Vergewaltigung, Mord, Diebstahl und Terror wurden zum alltäglichen Geschäft. Kolonialismus ist die Geschichte eines jeden Ortes. Egal wo wir graben, wir werden feststellen, dass ein natives Volk vertrieben oder ausgerottet wurde und einer stärkeren Menschenmenge weichen musste.

Caesar tat es an den Galliern und nannte es Frieden.
Die Spanier an den Lateinamerikanern.
Die Maori an den Moriori.
Die Japaner an den Chinesen.
Die Briten an den Iren.
Die Hutu an den Tutsi.
Die Europäer im 19. Jahrhundert zu ihren eigenen Leuten: „Keine Gnade für jeden, der nicht hart genug arbeitet."
Grausam und brutal lautete die Devise, und so ist es auch heute noch. Die Frage, die sich stellt, lautet aber nicht,

weshalb Menschen Kriege führen, sondern: Warum ist es nun in großen Teilen Europas nicht mehr so, aber in vielen anderen Teilen der Welt? Wovon haben wir uns erlöst und wie? Haben Arbeit, Gleichberechtigung und Freiheit damit zu tun?

Tatsächlich werden heute mehr Menschen aus der Armut geholt als je zuvor, soweit wir es zumindest nachvollziehen können. Dies ist eine Kernbedingung sozialer Kohäsion. Sie ist nur gewährleistet unter Ausschluss von Hunger, Kälte, Krankheit, Diskriminierung, Ausbeutung und Armut. Letzteres hängt mit allem anderen zusammen.

Dies sind also schon mal einige der Bedingungen dafür, dass Frieden überhaupt gelingen kann. „Frieden im Großen bedingt Frieden im Kleinen", höre ich die Leute sagen, und „Frieden fängt bei einem selbst an!" Wer den Frieden in seiner nächsten Umgebung nicht wahren könne, brauche sich offenbar keine Gedanken darüber zu machen, wie Frieden im großen Stil gelingen kann. Man fragt ja auch keinen Umherirrenden nach dem Weg oder einen Ertrinkenden danach, wie das Schwimmen funktioniert. Das alles ist seit jeher einleuchtend. Wie erreicht man aber diesen Frieden im Kleinen?

Eines der kleinsten atomaren Bestandteilchen des Friedens der Menschen untereinander ist und war immer das Gespräch. So einfach. Dort wo nicht mehr gesprochen wird, entsteht Entfremdung. Daran zerbrechen Familien, Ehen, Freundschaften und Völker. Dort wo nicht mehr miteinander gesprochen wird, ist Raum für Fantasien und Verdächtigungen gegen den anderen. Dort kann Hass gedeihen. Auch deshalb ist das wichtigste Instrument der Kriegsführung, die Isolation der Menschen voneinander herbeizuführen, wie Hannah Arendt (Jüdin, Philosophin im Zweiten Weltkrieg) bemerkte: „Das, was tyrannische Regime erfolgreich macht, ist Manipulation durch Isolation. Terror kann nur effektiv an Menschen ausgeübt werden, die voneinander isoliert sind. Deshalb ist eines der primären Anliegen aller tyrannischen Herrschaftsformen, diese Isolation einzuführen. Isolation ist der Beginn von Terror und mit Sicherheit dessen fruchtbarster Boden und immer dessen Resultat. Stärke kommt immer von einem Volk, das zusammensteht. Menschen, die isoliert sind, sind ohnmächtig per Definition." Dieses Zitat erinnert uns daran, dass Isolation Angst und Schrecken erst richtig wirksam macht. Auch im Kleinen versuchen missbräuchliche, narzisstische Zeitgenossen stets ihre Opfer von anderen zu isolieren. Einerseits, um das absolute Monopol über dessen Wahrnehmung zu erhalten, indem jedes Korrektiv von außen ausgeschaltet wird, und andererseits, weil Einsamkeit auf Dauer depressiv, hilflos und ängstlich macht, was wiederum anfällig für Suggestibilität macht. Das Opfer wird also zunehmend immer abhängiger von der Zuwendung und der Validierung der Realität durch den Täter. Wahre Macht ist, die Realität im Kopf eines anderen erzeugen und kontrollieren zu können. Die Technokraten wenden diese Taktik mit Sicherheit an, denn jeder, der unter Angst und Verunsicherung leidet, sucht nach Orientierung in der Welt, weshalb immer erst Angst gesät wird, um dann diese Orientierung, auch bekannt als Lösung, zur Ernte anzubieten, und der Mensch in seiner Verzweiflung stürzt sich darauf wie die Elster auf alles, was glitzert und glänzt. Gefestigte Mitmenschen, die durchschaut haben, dass Angst der größte Hebel zur Steuerung der Massen ist und die verstanden haben: „Wer Angst macht, will Macht", sind nicht anfällig für diese Taktiken der Manipulation.

Angst macht erwiesenermaßen dumm.
Angst macht aggressiv.
Angst öffnet den Geist für Befehle.

Der Grad der Angst in der Bevölkerung ist mittlerweile definitiv erreicht, dass sich die Menschen wieder den vorgegebenen „Lösungen“ zuwenden, und ein großer Teil jener, die diese doch ablehnen, entwickeln bald ganz eigene Vorstellungen von Lösungen, die aber ebenfalls zu allermeist immer nur dann funktionieren, wenn möglichst viele oder am besten gleich alle Menschen mitmachen. Genauso kollektivistisch ja, aber auch immer einer solch edlen Sache dienend, dass der Zweck vorgeblich wieder mal die Mittel heiligt. Kurz gesagt, jeder der eine kollektivistische Lösung anstrebt, muss sich schon bald unweigerlich in Fantasien von Zwangsmaßnahmen und Nötigung ergehen, da es sich sonst außerhalb seines Einflussbereichs befindet und er so akzeptieren müsste, dass er in seinem eigenen Leben auf der Tribüne sitzt. So kann man aber nicht spielen und schon gar nicht gewinnen.

Wenn ich sage, Frieden beginnt bei einem jeden selbst, dann meine ich nicht nur, diesen Frieden im eigenen Stall zu halten, sondern etwas anderes. Die Herstellung des geistigen oder inneren Friedens, den wir dort finden, wo Stille, Wahrheit und Schönheit zu Hause sind. Innerer Frieden – das allerkleinste atomare Teilchen könnte man auch sagen.

Zu Beginn eines jeden Krieges werden deshalb ganz gezielt nicht nur Beziehungen, sondern es wird auch immer die Wahrheit zerstört. Diese Aufgabe ist so wichtig, dass eigene Stabsstellen, Ministerien und Beauftragte für genau diese Aufgabe errichtet werden – die Propaganda.

Sie dient also dazu, die Isolation herbeizuführen, indem die Bevölkerung anhand von zig Kontroversen gesplittet wird, die sich nach und nach einschleichen. Dabei wird stets die ganz große Lüge medial breitgetreten und beinhaltet immer das Element der Nötigung und/oder des Zwanges aller, auch derer, die die Lüge nicht glauben, oder eben in Ruhe leben wollen. Um die „Ungläubigen“ sofort anhand ihres Verhaltens aus der Menge an Anhängern des Regimes zu identifizieren, wird oft ein Weg gefunden, um die Einstellung zur Sache sichtbar zu machen. Jeder soll sich einreihen können. Deklarationszwang führt immer zu sauberen Spaltungen. „Bist du nicht für uns, bist du gegen uns!“ Auch auf freiwilliger Basis werden viele verschiedene Symbole der Zugehörigkeit angeboten und stolz vor sich hergetragen. Grußformeln, Symbole und anderweitiger Schnickschnack, für den es ganze Marketingzweige gibt. Es macht den Anschein, dass echte Gemeinschaft wohl nur in der Ausgrenzung gefunden werden kann. Corona, Putin, Klima, etc. – solange, bis niemand mehr mit dem anderen spricht. Teile und herrsche! Aber diese Themen sind gar nicht unsere. Deshalb ist die einzige Freiheit, die wir haben, die, uns irgendwo dazu einzureihen. In Erzählungen von anderen, Fabeln und Alpträumen, über die wir nie von selbst einen Gedanken verschwenden würden, wenn sie nicht medial in unsere Wohnzimmer geschoben würden… Themen, denen man in seiner echten, unmittelbaren Lebensrealität teilweise gar nie begegnet.

Diese Ideen sind gekauft. „Unsere“ Meinungen sind fein säuberlich zugeschnitten und teuer bezahlt. Die öffentliche Meinung ist Teil der nationalen Sicherheit, und die Medien sind bekanntermaßen nun mal ein CIA-Outlet. Meinungen sind höchst wichtig. Sie sind das Lenkrad der Bevölkerung. Da wird nichts einfach öffentlich gemeint, das nicht haargenau vom „Wahrheitsministerium“ geprüft und zugelassen wurde. Natürlich lassen sich die Auftraggeber des Social Engineerings das gern einiges kosten. Es kommt ja auch vielfach zurück. Propaganda liefert uns also die guten Gründe und Rechtfertigungen dazu, den anderen zu bekriegen, sie dient dazu, sich das Mitmachen und die Solidarität des Volkes zu erkaufen, es zu demütigen, zu spalten und voneinander zu isolieren, die Menschen in Narrative zu verstricken, die so unwahr, undurchschaubar und widersprüchlich sind, dass sie ihre Antworten darauf, was denn am besten zu tun oder zu unterlassen ist, niemals logisch herleiten könnten, sondern „Big Daddy“ danach fragen müssen. Wiederholungen überall, so laut, penetrant, vereinfacht und eingängig, damit absolut sichergestellt ist, dass auch tatsächlich jeder einzelne für immer im Propagandasee baden geht.

Wirklich wirken können wir aber im Kleinen. Bevor wir uns überlegen, wie wir die Welt vereinen, könnten wir versuchen, Frieden im eigenen Geist herzustellen, und einige von uns wissen noch, dass man ihn in der Stille finden kann. Manchmal ist dazu aber vorher erst eine Entgiftung notwendig. Am besten, man stellt dazu alles andere einfach eine Weile ab, damit wieder Klarheit und Ruhe einkehren können. Der innere Frieden, der sich einstellt, ist dann schon mal eine solide Ausgangsbasis dafür, den Frieden in der eigenen Herde zu wahren. Das ist aber mitunter das Schwierigste oder gar unmöglich für die meisten.

Eine beliebte Ablenkung davon bietet die Opferrolle. So sind manche Menschen regelrecht süchtig danach, dass andere ihnen angeblich etwas angetan haben. Das fühlt sich gut an und lenkt von den eigenen Baustellen ab, die dann liegen bleiben können. Der verinnerlichte Glaubenssatz, der dazu gehört, lautet dann: „Meine Misere ist aufgrund der anderen oder der Umstände usw., und es gibt nichts, das ich an meinem Zustand verbessern oder verändern könnte, weder durch gute Ernährung, gesündere Gewohnheiten, Schlaf, Bewegung, Ausmaß des Medienkonsums, Wahl des Freundeskreises oder anderes." Dafür bietet die Opferrolle auf der anderen Seite ganz viel Ersatzhandlungen, die man zur Energieabfuhr ausführen kann, ohne wirklich wirksam zu werden, und das allerbeste daran ist, die anderen sind am Ende des Tages immer noch schuld, weil sie nicht mitgemacht haben. So erfährt man zumindest eine illusorische Freiheit von Verantwortung. Es hat also durchaus psychologische Vorteile, benachteiligt zu werden. Dabei ist es aber ganz ungeheuer wichtig, dass all diese Ersatzbaustellen ja nichts mit einem selber zu tun haben und dass möglichst viele Menschen davon erfahren, wie ungerecht nicht alles ist und wie unschuldig und gut man nicht selber ist. Dabei wäre es vielleicht besser, seine eigenen Schatten zu integrieren und erwachsen zu werden. Manche fürchten sich aber vor der eigenen Dunkelheit und davor, sich dem Höchstpersönlichen zu stellen. Vielleicht, weil sie Angst haben, sonst die Wahrheit über ihr eigenes Herz zu erfahren. Weil sie Angst haben, den Schmerz zu durchqueren… Nur in der Opferrolle muss man seinen Schatten und Dämonen niemals gegenübertreten.

Der Kampf gegen das Böse im Außen – sehr populär seit Menschengedenken. Genauso gut könnte man sich zwar einen Besen schnappen und die Straße kehren… Bis die ganze Welt sauber ist am besten, aber gut. Er führt zu nichts und man beruhigt sich selbst damit, dass man immerhin etwas tut. Etwas Gutes. „Ich bin toll!"

„Hilfe, sie wollen uns versklaven!"
„Hilfe, sie wollen uns vergiften!"
„Hilfe, sie wollen die Digitalisierung einführen!"
„Hülfääää, sie wollen das Bargeld abschaffen!"
„Hüülfääää, sie wollen Netto-Null-Kohlendioxid einführen!"

1000 Themen, ohne sichtbares Gegenüber, das dafür aber umso übermächtiger in den Köpfen der Menschen erscheint, lassen viele mit Gefühlen der Ohnmacht, Angst und Hilflosigkeit zurück.

...und die Falle schnappt zu...

Im Glauben, die Pläne vermeintlicher Eliten durchschaut zu haben, haben viele übersehen, dass genau diese Art der Demoralisierung das eigentliche Ziel der Propaganda ist, und sie haben ihr Leben unnötig beschwert und trübselig verdunkelt.

Es geht im Prinzip darum, worauf man den Fokus legt. Ist dies etwas, das außerhalb des eigenen Einflussbereiches liegt, dann hat man sich selbst erfolgreich auf die Zuschauerränge verbannt. Also wollen wir uns jetzt wirklich verbittern lassen und vor Angst schlotternd untern Teppich gehen, oder wollen wir doch damit aufhören, das Schlechte zu suchen?

Die Frage also, wie Frieden gelingen kann, ist sowohl ganz simpel als auch unglaublich kompliziert zu beantworten. Da gibt es politische, ökonomische, psychologische, medizinische, ökologische, mediale, soziologische, persönliche und weitere Faktoren, die alle Anteil haben, doch das einzige, das wir tatsächlich beeinflussen können, sind unsere eigenen Entscheidungen. Für mich bedeutet Frieden, dass jeder einzelne Mensch die Möglichkeit hat, ohne Diskriminierung und Verfolgung in Freiheit zu leben, um sein Glück zu versuchen. Mit Sicherheit gehört dazu, die Idee des Kollektivismus aufzugeben, um sich selbst wieder als Individuum verstehen zu lernen. Im Prinzip also etwas, das bereits in unserer Entwicklungsgeschichte passiert ist und den Menschen mitunter vom Tier unterscheiden soll – die Entstehung eines Bewusstseins oder, anders gesagt, die Fähigkeit, sich selbst im Spiegel zu erkennen. Dass dem eine gewisse Doppeldeutigkeit zugrunde liegt, ist genauso passend wie wunderschön. Das Richtige zu tun oder das Falsche zu unterlassen, geschieht dann nur mehr zum Selbstzweck. Es wird nicht mehr gewartet, bis zigtausende Leute aufstehen und vorausgehen, damit man wieder nichts tun muss als der Herde nachzulaufen. Nein.

Zum Selbstzweck bedeutet, auch wenn alle Welt mitmacht bei der dicken, fetten Lüge und wenn sie von jedem Mann und jeder Frau als Goldstandard gehuldigt und als neue Realität angebetet werden soll, lautet meine Antwort: „Nein, aber nicht von mir."

BELLIZISMUS UND INFANTILITÄT

RAYMOND UNGER

KINDER AN DER MACHT

„Bei genauer Betrachtung findet die Polarisierung der Gesellschaft weniger zwischen den Antipoden ‚rechts' und ‚links' statt. Die tatsächlichen Grenzlinien verlaufen zwischen narzisstisch und gesund, zwischen totalitär und freiheitlich, zwischen infantil und erwachsen, zwischen Gesinnung und Verantwortung und zwischen Mitläufern und Freidenkern. Narzissmus und Infantilität gehören zusammen. Das vielleicht wichtigste Merkmal des Erwachsenwerdens ist es, sich die inhärente Unverfügbarkeit des Lebens bewusst zu machen und sie anzuerkennen. Ein erwachsenes Bewusstsein erkennt, dass der Mensch ein Stück weit in sein Schicksal gestellt ist und dass der Mensch nicht Gott ist. Erwachsene Menschen halten Zielkonflikte und Widersprüche aus; sie wissen, dass alles seinen Preis hat und vor allem – dass das Leben endlich ist. Kinder wissen dies nicht. Kinder halten sich oder ihre Eltern für allmächtig. Kontakt zur Realität und damit zu Begrenztheit, Ungerechtigkeit und Endlichkeit macht Kinder unendlich wütend. Diese Wut agieren sie aus, indem sie Schuldige suchen, die sie für das natürliche Ungleichgewicht des Lebens verantwortlich machen können. Wehe einer Gesellschaft, in der Herbert Grönemeyers Vision Wirklichkeit geworden ist. ‚Kinder an der Macht' bedeutet infantile Hybris der Allmächtigkeit, umgesetzt in einer totalen, technokratischen, alternativlosen Politik. In den globalen Narrativen der Neuzeit und in den Credos der Regierung finden wir genau dies: Lockdown, Maskenzwang und Massenimpfungen sind alternativlos. WHO-, UN- und EU-Vorgaben sind alternativlos. Nullzinspolitik und Bargeldabschaffung sind alternativlos. Kampf gegen CO_2 und Energiewende sind alternativlos. Migrationspolitik und Multikulturalismus sind alternativlos. Globalisierung und humanistischer Universalismus sind alternativlos. Feminisierung und Gender-Mainstreaming sind alternativlos. [Die Befreiung der Ukraine einschließlich der Krim sind alternativlos.] Doch eine Gesellschaft ohne Alternativen wird ihre Freiheit, ihren sozialen Frieden, ihren Wohlstand und schließlich auch ihre Demokratie verlieren."[215]

In einer idealen Welt nehmen Erwachsene ihre verängstigten Kinder an die Hand, um ihnen liebevoll zu erklären, dass die Monster unterm Bett nur eingebildet sind. Sie wissen dies, weil sie ihre archaischen Urängste im Laufe ihrer Initiation in das Erwachsenendasein befriedet haben. Eine Gesellschaft, die jedoch vorwiegend aus Erwachsenen besteht, die geistig Kind geblieben sind, kann sich selbst nicht an die Hand nehmen. Eine Differenzierung zwischen realen und eingebildeten (oder eingeredeten) Ängsten ist so nicht mehr möglich.

Wer Angst hat, zieht in den Krieg: Der Krieg gegen den Klimawandel wird aus Angst vor der baldigen Gluthölle unterstützt. Beim Kampf gegen rechts zieht man selbstredend mit, weil man Angst vor dem Wiedererstarken des Nationalsozialismus hat. Am Krieg gegen SARS-CoV-2 haben sich die Menschen beteiligt, weil sie Angst vor einem qualvollen Erstickungstod hatten. Und die bedingungslose Unterstützung der Ukraine wird aus Angst vor Putins Panzern vor Berlin befürwortet. Kommt es aufgrund kollektiver Ängste zu einer Massenbildung wie unter Corona, stellen sich gesellschaftliche Phänomene ein, die man bislang nur aus Geschichtsbüchern kannte: „Kriegsdienstverweigerer" werden als Gefährder wahrgenommen. Wer nicht bedingungslos bei den als notwendig propagierten Kämpfen mitzieht, wird als Feind der Gesellschaft markiert. Über kurz oder lang führt dieser Prozess zur Dehumanisierung. Wie in der „Pandemie der Ungeimpften" werden die zunehmenden Ängste in einer Projektion auf „Schuldige" abgeleitet. Danach folgen Ausschluss, Hexenjagden und der Verlust jeglicher Empathie. Auch wenn die Ausgestoßenen sichtbar leiden, führt dies nicht mehr zur Betroffenheit, sondern zur Häme. Als diskutiert wurde, man solle Ungeimpfte nicht mehr intensivmedizinisch versorgen und ihnen sogar das Einkaufen verwehren, fand man das vollkommen okay. Und selbst ein brutaler Mord vor laufender Kamera wie bei Charlie Kirk ließ viele Journalisten kalt, schließlich hatte es einen „Nazi" getroffen.

Im Roman „Herr der Fliegen" von William Golding agieren nicht umsonst Kinder. Golding zeigt auf, wie dünn die Schicht von Zivilisation und Moral tatsächlich ist, wenn das Böse in einem Menschen erwacht, der sich in einem Angstraum aufhält. In der modernen Gesellschaft sind die Mitglieder einer verängstigten Masse mit dreierlei Ängsten konfrontiert, die früher oder später zum Zivilisationsbruch führen müssen:

1. Angst vor den massenmedial geschürten Gefahren: Gluthitze, Nationalsozialismus, Killerviren, Putins Panzer …

2. Angst vor äußeren und inneren Feinden, die plötzlich überall auftauchen: Klimaleugner, AfD-Nazis, Impfverweigerer, Putintrolle …

3. Angst vor der eigenen kognitiven Dissonanz, sobald sich Zweifel regen, denn bei Hinterfragung der großen Angstnarrative droht soziale Ächtung …

Man kann daher nicht über die Friedensfähigkeit einer Gesellschaft schreiben, ohne sich dem Phänomen kollektiver Ängste anzunehmen, was wiederum die Frage nach der Reife der Mehrheit aufwirft.

In einer verängstigten und weitgehend um ihre Wurzeln beraubten Gesellschaft werden Sätze, wie „Frieden gibt's auf jedem Friedhof“[216], „wir müssen den Krieg nach Russland tragen“[217] oder „möge die gesamte Republik mit dem Finger auf sie [die Ungeimpften] zeigen“[218], nicht verurteilt, sondern bejaht. Kein Mittel kann scharf genug sein, um die angeblich übergroßen Gefahren abzuwenden:

Quasi-Impfzwang mit experimentellen Gen-Therapeutika, Lockdowns, Maskenpflicht für Kinder, Isolationshaft für Alte und Kranke? Selbstverständlich! Hauptsache die Inzidenzzahl lässt sich senken …

Bedingungslose Unterstützung der Ukraine und Aufrüstung der Bundeswehr in Milliardenhöhe? Ein unbedingtes Ja! Trotz leerer Sozialkassen und maroder Infrastruktur im eigenen Land …

Kohleausstieg, Ende der Kernkraft und Boykott von russischem Gas – und dies alles gleichzeitig? Natürlich! Deindustrialisierung, Massenarbeitslosigkeit und soziale Verarmung sind zweitrangig, solange die Klimaerhitzung nicht gestoppt wird und Putin bestraft ist …

Verbot der größten Partei Deutschlands? Auf jeden Fall! Auch wenn damit die gesellschaftliche Spaltung zwischen Ost und West besiegelt ist und das letzte Vertrauen in die Demokratie verspielt wird …

Wie selbstzerstörerisch die Einschnitte und der Freiheitsverlust auch sein mögen – „Notmaßnahmen zur Gefahrenabwehr“ werden von einer verängstigten Masse stets goutiert. Der gesinnungsethische Prozess zeitigt zwei Phänomene, die man eigentlich nur von Kindern kennt: Mit dem Fokus auf die vermeintliche Bedrohung werden die

Kosten der Gegenmaßnahmen nicht mehr erfasst. Langfristige Folgen (Pleitestaat, soziale Unruhen, Freiheitsverlust, Gesundheitsschäden usw.) werden negiert. Kleine Kinder reagieren ähnlich: Ganz im Moment und auf die vermeintliche Lösung fixiert, wollen sie, was sie wollen. Anderenfalls macht man die Sandburg des „Gegners" kaputt. Das zweite Phänomen ist nicht minder frappierend: Im Angstraum kommt es zu einer Erblindung für kognitive Widersprüche, die einem souveränen Charakter sofort ins Auge springen. Beispielsweise galt unter Corona der „Inzidenzwert" als wissenschaftliches Nonplusultra zur Beurteilung der Gefahr. Ab dem Wert von 100 griff sogar Merkels „Bundesnotbremse", der automatische Lockdown. Als nach der Massenimpfung der Inzidenzwert plötzlich auf 1500 stieg, wurden Lockdowns und Notbremse sang- und klanglos abgeschafft, die Massentestungen wurden heruntergefahren. Obwohl sich damit die Pseudowissenschaftlichkeit der Methode zur Erfassung des Pandemiegeschehens (einschließlich der PCR-Tests) komplett offenbart hatte, wird die Coronapolitik bis zum heutigen Tage nicht ernsthaft hinterfragt. Ähnliches im Ukrainekrieg: In den Appellen zur bedingungslosen Unterstützung der Ukraine wurde beharrlich behauptet, die Russen operierten nur noch mit veraltetem Kriegsgerät, ein Zusammenbruch der russischen Armee stünde unmittelbar bevor. Zeitgleich wurde jedoch die große Gefahr beschworen, Putin sei in der Lage und willens, seinen konventionellen Angriff auf ganz Europa auszuweiten.

KATASTROPHISMUS ALS MACHTTECHNIK

„Kann ein Mensch gut sein, der Angst hat?", fragt Eugen Drewermann in seinem Buch „Wozu Religion?". Tatsächlich kann er dies nicht, denn „Angst ist das Einfallstor aller Heimsuchungen der Kreatur, sie ist die Macht, welche den Menschen am tiefsten auf das tierische Niveau zurückwirft." Menschen werden böse, blind und radikal, wenn sie keine nicht-triebhaften Antworten auf ihre Ängste finden. Angst lähmt das rationale Denken der Masse. Was heute galt, kann morgen falsch sein. Selbst 180-Grad-Wenden („FFP2-Masken bringen rein gar nichts" – „Maskenpflicht ist notwendig und gilt überall") werden klaglos akzeptiert. Verängstigte Menschen lassen so ziemlich alles mit sich machen, doch nicht nur das: Menschen in Angst werden selbst zu einem Instrument der Angstverbreitung und Unterdrückung. Eugen Drewermann führt aus, warum Angst das Böse gebiert. Und dieses Böse erzeugt weitere Angst. Ist dieses Perpetuum mobile erst einmal angelaufen, rutscht eine Gesellschaft in die Totalität. Dies ist der Grund, warum Hannah Arendt die totalitäre Gesellschaft für weitaus gefährlicher hielt als die despotische. Arendt unterscheidet Despotismus (oder eine Diktatur) von Totalitarismus, weil in Letzterem die gesamte Gesellschaft von einer toxischen Ideologie als absolute Wahrheit überzeugt ist. Das Pathologische wird zur Norm, das Böse wird banal. Da dieses massenpsychologische Phänomen recht gut erforscht ist und es sich bei entsprechender Medienhoheit aktiv initiieren lässt, nutzen oligarchische Kräfte Katastrophismus für ihre Zwecke aus. Unter dem Motto „Follow the science" übernimmt die indoktrinierte Masse dann die Exekution der gewünschten Vorgaben von sich aus, indem sie ein Kontroll- und Denunziationssystem entwickelt, das den Initiatoren in die Hände spielt. Mit dieser Methode ist es möglich, milliardenschwere Insidergeschäfte auf globaler Ebene zu tätigen, das Verfahren heißt Philanthrokapitalismus:

„Das eigentliche Verfahren ist inzwischen eingespielt: PR-Experten von NGO-Organisationen platzieren ihre Aussagen über ‚neutrale Wissenschaftler', die von ‚altruistischen Stiftungen' superreicher Oligarchen finanziert werden. Zuvor haben sich die Milliardäre optimale Marktwünsche in die Regularien supranationaler Organisationen schreiben lassen, die Macht dazu hatten sie, denn auch diese werden von ihnen gesponsert. Als Begründungen dienen die üblichen, moralisch beschworenen Gefahren: Klimakollaps, Viruspandemien, Hungerkatastrophen... [Kriegsgefahr] Schlussendlich können nationale Staaten ‚im Krisenfall' unter Umgehung demokratischer Willensbildung über die supranationalen Organisationen gezwungen werden, Exklusivverträge mit eben jenen Industriezweigen abzuschließen, an denen der Philanthrop ‚zufälligerweise' ebenfalls beteiligt ist. Nach diesem Prinzip wandern Milliarden Steuergelder vom Konto der Bürger auf die Konten der Superreichen. Da die Probleme aber angeblich so ‚global und dringlich' sind, werden Parlamente und Bürger gar nicht erst gefragt. [...] Damit das philanthropische Framing einer angeblichen Gefahrenabwehr und Prävention funktioniert, wird es durch ein entsprechendes Fearmongering[219] flankiert. Ohne die bekannte Klima- und Killerviren-Erzählung wäre das Geschäftsmodell nur halb so effektiv. Da es sich bei den superreichen Philanthropen um die Bosse der IT- und Tech-Firmen handelt, deren Macht sich genuin auf das Datensammeln ihrer Kunden gründet, laufen alle Antworten zur ‚Gefahrenabwehr' schlussendlich immer auf zunehmende Digitalisierung und Kontrolle hinaus."[220]

LACKMUSTEST CORONA

Freidenker wie Hannah Arendt, Mattias Desmet, Gunnar Kaiser, Eugen Drewermann, Viktor E. Frankl, Hans-Joachim Maaz und Jordan B. Peterson beleuchten daher dasselbe Problem aus verschiedenen Blickwinkeln: Die Resilienz einer Gesellschaft gegen vorsätzliche Indoktrination steht und fällt mit dem Reifegrad der Bürger. Auch ich habe in meinen Sachbüchern wiederholt auf den Zusammenhang von Infantilität und totalitären Tendenzen hingewiesen. Eine Gesellschaft, die kognitiv angegriffen wird, braucht ein Mindestmaß an erwachsenen Individuen, um sich zur Wehr setzen zu können. Nur wer zwischen massenmedialem Angstauslöser und dem Ausagieren seiner Affekte eine

Pause schalten kann, in der die Ratio zum Zuge kommt, kann eine Differenzierung zwischen echter Bedrohungslage und initiiertem Fearmongering vornehmen.

Erfolgte Putins Angriff auf die Ukraine tatsächlich völlig unprovoziert und grundlos, weil er ein Despot à la Hitler ist? Ist CO_2 wirklich die einzig relevante Causa für den Klimawandel? Kann eine gentechnische, experimentelle Impfung überhaupt sicher und nebenwirkungsfrei sein? Sind ein Drittel der ostdeutschen Bürger ernsthaft so dumm, sich ein neues NS-Reich wählen zu wollen? Um derartige Fragen rational und ausgewogen prüfen zu können, ist Medienkompetenz, Zeit und eigenes Denkvermögen nötig. Die erworbenen Erkenntnisse gegen den Mainstream zu vertreten erfordert Mut, Widerstandskraft und Eigenständigkeit. Ist der Prozess der Massenbildung aber erst einmal angelaufen, schaffen es nur sehr gefestigte Persönlichkeiten, sich gegen die Mehrheit zu stellen.

Was also sind die untrüglichen Zeichen, nach denen eine Wissensbeschaffung jenseits der Leitmedien zur Pflicht wird? Das rote Signal in Richtung Totalität wird spätestens dann überfahren, wenn Massenmedien und Politiker offen zur Ausgrenzung aufrufen und „Schuldige“ markieren: Ungeimpfte, Klimaleugner, AfD-Wähler, Russenfreunde, Schwurbler, Querdenker oder synonym – „Nazis“. Wenn Schlagworte wie „Hass und Hetze“ ausreichen, um abweichende Meinungen als Todsünde zu markieren, wird es höchste Zeit „Radio London“[221] einzuschalten. Kurzum: Wenn die Hexenjagden beginnen, wird Hintergrundwissen zur Holschuld. Die Mühe aufzubringen, Hintergründe zu recherchieren und eigene Gedanken zu riskieren, sind Kardinalzeichen von Mündigkeit und Reife. Dagegen wird die blaue Beruhigungspille recht gern von jenen eingenommen, die sich mit der Vorstellung zufriedengeben, „die da oben“ (Experten, Politiker) wüssten ohnehin alles besser. So war unter Corona die Meinung weit verbreitet, die strenge „Mutti", mit ihren Lockdowns und Maskenzwängen könne es doch nur gut gemeint haben – eine derartige Übertragung auf ein idealisiertes Elternteil zeigt jedoch versäumte Reifeschritte an.

Leider wurde unter Corona deutlich, dass der großen Mehrheit die Verantwortungsabgabe zulasten der persönlichen Freiheit als annehmbare Option erschien. Kaum jemand konnte sich den allabendlich gezeigten tiefroten Landkarten in der Tagesschau entziehen, die aufgrund „steigender Inzidenzzahlen" die angebliche Ausbreitung einer gefährlichen Seuche zeigten. Nüchterne Fakten wie die Tatsache, dass statistisch nicht mehr Menschen starben als in einem normalen Grippewinter, oder dass es sogar einen Intensivbettenabbau wegen Unterbelegung der Krankenhäuser gab, kamen gegen das mediale Fearmongering nicht an. Spätestens nachdem die Massenmedien Bilder von erstickenden Menschen gezeigt hatten, befand man sich im Kampf gegen ein angebliches Killervirus und gegen all jene, die diesen Kampf nicht unterstützten. Im Krieg gegen SARS-CoV-2 wurden keine Gefangenen gemacht, auch wenn es sich dabei um die eigenen Familienmitglieder handelte. Freiheitliche Institutionen, welche in der Nachkriegsdemokratie gegen derartig totalitäre Entwicklungen installiert wurden, versagten auf breiter Front. Kirchenvertreter, Künstler, Journalisten, Ärzte und Juristen blieben stumm.

WAS BELLIZISMUS FÖRDERT

Um in der modernen Gesellschaft die Entwicklung zum erwachsenen Individuum durchlaufen zu können, das zu Besonnenheit und Reflexion in der Lage ist, sind individualpsychologische und kollektive Bedingungen vonnöten. Der Grundstock für ein autarkes und selbstbestimmtes Leben wird in den ersten Lebensjahren gelegt. Entscheidend hierfür ist die Fähigkeit der eigenen Eltern zur liebevollen

Zuwendung und authentischen Spiegelung kindlicher Gefühle, ohne diese infrage zu stellen oder zu reglementieren. Leider können vortraumatisierte Elternteile (insbesondere die Kriegskind-Generation) diese Grundbedingungen nur selten erfüllen. Jenseits der Kernfamilie gibt es weitere Voraussetzungen, um die Übergänge in das Erwachsenenalter zu meistern. Stabilität in gewachsenen Strukturen wie Ehe, Familie, Kirche, Eigentum, Beruf und Kollegen stellen natürliche Ich-Erweiterungen im sozialen Raum dar und geben Sicherheit bei der Ablösung alter Lebensphasen. Unglücklicherweise wurden eben diese bürgerlichen Institutionen in den letzten Jahrzehnten von linksprogressiver Seite dekonstruiert. In meinem Sachbuch „Vom Verlust der Freiheit" habe ich einige Faktoren des globalen Strukturwandels aufgelistet, die zu Verunsicherung und Infantilisierung westlicher Gesellschaften beigetragen haben:

„Abbau vieler Grund- und Bürgerrechte im Zuge der ‚Coronaschutzmaßnahmen', Tracking-Apps, Schaffung einer weltweiten digitalen Identität, Lockdown und Reisebeschränkungen, Massenimpfung, Maskenzwang, Social Distancing.

Instrumentalisierung und Überdehnung des Rassismusbegriffs, Idealisierung von Fremdkulturen und Multikulturalismus bei gleichzeitiger Verteufelung der eigenen Identität, positive Diskriminierung gegen ‚alte weiße Männer'.

Gender-Mainstreaming und Diversity-Management, Feminisierung der Gesellschaft, Dekonstruktion von Geschlecht und Familie, Betonung von Intersektionalität sowie Minderheitenkulte.

Dekonstruktion religiöser Sinngewissheiten und Postulat einer menschengemachten, CO_2-bedingten Klimakrise als spirituelle Schuld-Sublimierung und neue Welt(untergangs-)Religion.

Idealisierung eines naiven humanistischen Universalismus sowie von One-World-Ideologien.

Bargeldabschaffung und zentralistische Finanzpolitik, sozialistische Grundkonzeptionen in der staatlichen Geldwirtschaft, selbstzerstörerische ‚Euro-Rettung' sowie Geldmengenvermehrung und Nullzinspolitik.

Negierung der Folgen einer unkontrollierten Migration mit Überlastung der Sozialsysteme, Kriminalitätsanstieg und Islamisierung, Verleugnung der demografischen Fakten und der Realität von Parallelgesellschaften.

‚Kampf gegen rechts' statt Kampf gegen Radikalismus, Abschaffung von Meinungspluralität, Stigmatisierung und Ausgrenzung regierungskritischer Meinungen, Diffamierung klassisch liberal-konservativer Positionen als ‚rechtsradikal', Inkaufnahme und Förderung einer polarisierten Gesellschaft, mediale Manipulation durch Framing-, Nudging- und Gaslighting-Techniken."[222]

Zusätzlich erwähnen möchte ich noch die tägliche Überstimulation des Belohnungssystems durch Smartphones (Onlinesucht, Dopaminfalle), den Mangel essenzieller Substanzen für einen gesunden Hirnstoffwechsel (D3, Lithium, Omega-3) und die chronische Intoxikation und Entzündung des ZNS (Spikopathie, Fluorid, Glyphosat, Mikroplastik, Aluminium, 5G).

Sämtliche Faktoren bilden die ideale Basis zur Entstehung einer Massenbildung, deren Wesen und Struktur in „Die Psychologie des Totalitarismus" von Mattias Desmet beschrieben wurde. Halten diese Angriffe über Monate oder Jahre an, geht die Fähigkeit zum kraftvollen, widerständigen Denken gen Null. In der auf diese Weise atomisierten Gesellschaft ist das verunsicherte Individuum dankbar und glücklich, wenn es seine diffusen Ängste auf die massenmedial ausgewiesenen Schuldigen projizieren kann und damit Teil einer Gruppenseele wird. Auf der gemeinsamen Jagd nach den „Feinden der Demokratie“ (Ungeimpfte, Russen, Nazis ...) werden dann Slogans wie „wir sind mehr“ oder „unsere Demokratie“ zur Labsal.

WAS FRIEDFERTIGKEIT FÖRDERT

„Hinter der Erosion westlicher, freier Gesellschaften steht eine unselige Trias aus Infantilisierung der Bürger, Propaganda seitens oligarchischer Netzwerke und dem Verlust weltanschaulicher Werte. Um den Weg in eine freie und mündige Gesellschaft zurückzufinden, wären demzufolge drei Dinge nötig:

- Nachreifung des Individuums,
- Aufdeckung manipulativer Lobby-Netzwerke,
- Bewusstmachung eines weltanschaulichen Kulturkampfes.

[...] Dass ich mit meinen psychologischen Ansätzen Denkern wie Jordan B. Peterson folge — erst das Haus aufräumen, dann politisch werden —, hat natürlich mit meiner persönlichen Vita und meinen Kompetenzen zu tun. Abgesehen davon greift eine simple Tatsache: Unreife Individuen bleiben unreife Individuen, auch wenn sie sich zu einer Gruppe zusammenschließen und sich eine politische Agenda geben. Politische Programme werden so lange von Projektionen und Übertragungen kontaminiert, bis die Akteure diese als persönlich und innerpsychisch erkannt haben. Und dieses Erkennen ist eben kein politischer, sondern ein individualpsychologischer Vorgang, der im vorpolitischen Raum stattfindet. Wer seine wahren Motive, Ängste und seinen psychologischen ‚Schatten‘ nicht kennt, agiert sich auf politischer Bühne lediglich aus, um seinen Schmerz und seine Angst zu befrieden.“[223]

Die Freiheit einer Gesellschaft hängt von den „Nicht-Mitmachern“ ab, von jenen also, die sich an den Hetzjagden nicht beteiligen und bei denen Desinformation und Fearmongering nicht greifen. Zu allen Zeiten der Geschichte haben nur sehr wenige Menschen einer Massenbildung widerstanden. Nach Jahren der Aufklärungsarbeit komme ich zusammen mit anderen Freidenkern zu dem Schluss, dass der Quotient Mitläufer/Widerständler eine relativ feste Größe ist. Vielleicht hat Jesus von Nazareth diese feste Größe gemeint, als er vom „Salz der Erde“[224] sprach. In seinem bahnbrechenden Werk „Der Kult“ stellt der Philosoph Gunnar Kaiser deshalb die bange Frage:

„[…] müssen wir der Erkenntnis ins Auge sehen, dass immer nur einige wenige immun bleiben, die Entwicklungen dokumentieren, frühzeitig vor dem Schlimmsten warnen und auf ihre je eigene Art Widerstand leisten, dafür mit Ausschluss, Missachtung, Haft oder Tod bestraft und ein paar Generationen später zu Helden erklärt werden, denen man Denkmäler baut, um ihr Andenken, im nächsten Totalitarismus, getrost wieder zu vergessen?“

Was zeichnet diese Wenigen aus, was macht sie resilient? Natürlich gibt es per se stark geborene Menschen, die abgesehen von ihren genetischen Anlagen das Glück hatten, in einer liebevollen und gesunden Familie aufzuwachsen. Als Mensch, dem dieses Glück nicht beschieden war, wird meine Arbeit von der Frage dominiert, ob und wie sich versäumte Reifeschritte nachholen lassen. Den Archetyp zu diesem Thema habe ich im Mythos der Heldenreise gefunden. Alle Kulturen rund um den Globus sind von einer Geschichte fasziniert, die wir aus Filmen wie „Star Wars“ oder „Der Herr der Ringe“ kennen: Der unscheinbare Protagonist bricht aufgrund einer Krise aus seiner gewohnten Umgebung aus, begibt sich auf eine gefährliche Abenteuerreise, trifft neue Gefährten, meistert große Herausforderungen und kehrt am Ende als gereifter und mutiger Mensch in seine Heimat zurück. Überredet und ermuntert zu seiner Reise hat ihn ein weiser Bote oder Herold, von dem man später erfährt, dass auch er vor langer Zeit als ängstlicher Sucher gestartet war.

Die universelle Gültigkeit bezieht der Mythos aus den Gegebenheiten der menschlichen Psyche: In Wirklichkeit erzählt das Abenteuer von psychischen Wachstumsprozessen, die den Menschen reifen lassen. Erst mit der Erfahrung der Einsamkeit in einer Krise können alte Lebensabschnitte abgelöst werden. Der „Sieg über den Drachen" oder das „Finden des Heiligen Grals" sind Metaphern für den Sieg über den eigenen Schatten und das Finden des wahren Selbst. Der Heldenmythos erzählt so von der Erfahrung des wirklichen Erwachsenwerdens oder auch von der Einweihung in eine tiefere Lebensweisheit. Viele Menschen erhalten zur Lebensmitte das Angebot, ihr bisheriges Leben in puncto Wahrhaftigkeit auf den Prüfstand zu stellen. Die spannende Frage ist: Wer nimmt das Angebot des „Boten" an, das Abenteuer zu wagen? Wie man den Mut zum Aufbruch zur Heldenreise findet und wie selbstkonfrontative Kreativität[225] dabei helfen kann, beschreibe ich in meinen beiden Heldenreise-Büchern.

AUSBLICK

Aufgrund meiner Aufklärungsarbeit während der Pandemie habe ich viele Freidenker kennenlernen dürfen. Der Schock über den tatsächlichen Bewusstheitsgrad der Gesellschaft sitzt tief, weil man verstanden hat, dass sich der Zivilisationsbruch jederzeit wiederholen kann. Sofern die Massenmedien aggressiv und nonstop weitere Angst-Meme verbreiten, kann es erneut zur Massenbildung kommen. Als Indiz dafür werte ich auch folgenden Vorgang:

Als Anfang 2024 Bundeskanzler Olaf Scholz durch die Bauernproteste politisch unter Druck geriet, berichteten die Massenmedien plötzlich über ein „Geheimtreffen von Rechtsradikalen“ in Potsdam, obwohl das Ereignis bereits Monate zuvor stattgefunden hatte. Nach dem Aufruf des Bundeskanzlers – „unsere Demokratie ist in Gefahr“ – kam es „mit über drei Millionen Teilnehmern auf mehr als 1100 Kundgebungen (Stand März 2024) zu der größten Demonstrationsserie in der Geschichte der Bundesrepublik Deutschland“[226]. Ich finde es bemerkenswert, dass nicht der historisch einmalige Freiheitsverlust während der Coronapolitik zu den größten Demonstrationen in der Geschichte der Bundesrepublik geführt hatte, sondern die seitens der Regierung platzierte Angst vor einem rechten Putsch. Die Schreckensnachricht in der Tagesschau, rechte Kräfte planten einen Umsturz und wollten anschließend deutsche Staatsbürger mit Migrationshintergrund ausbürgern, war für die Bundesbürger der weitaus größere Demonstrationsgrund als Lockdowns, Maskenpflicht und quasi Impfzwang. Im Grunde interessierten sich die Demonstranten nicht wirklich dafür, was in Potsdam geschehen war. Wie zuvor bei Corona galten die Quellen der Warnung, Kanzleramt und Tagesschau, als unfehlbar. Der Unterschied lag lediglich darin, dass bei der Pandemie die Leitmedien dazu aufriefen, zu Hause zu bleiben und im Fall vom „Rechtsruck“ auf die Straße zu gehen – beide Male folgten die Bürger brav. In meinen Sachbüchern führe ich aus, warum hypermoralisch geframte Top-down-Politik aufgrund unerkannter Selbstinfragestellungen der Babyboomer, den „Kriegsenkeln“, so klaglos funktioniert.

„Vielleicht ohne es bis ins Letzte durchdacht zu haben, legte Merkel mit ihrem Moralismus, der serviles Handeln belohnte und kritisches Denken bestrafte, den Grundstein für eine toxische Kompensation der Kriegsenkel. Traumabedingte Defizite konnten effektiv mit narzisstischer Selbstaufwertung überschrieben werden. Damit schuf Merkel ein politisches Klima, in dem der von Erich Fromm beschriebene ‚autoritäre Charakter‘ gedeiht. Merkels Framing zur Flüchtlingskrise, in dem sich deutsche Kriegsenkel als ‚Helden der Willkommenskultur' fühlen durften, ermöglichte vielen verletzten Seelen einen wenig segensreichen Bypass. Der Honigtopf der Heldenerzählung wurde in den Folgejahren immer wieder mit großem Erfolg aufgestellt. Es sei vorbildlich und heldenhaft, sich impfen zu lassen, brav den Lockdown zu befolgen, eine Wärmepumpe einzubauen und am ‚Kampf gegen Rechts' teilzunehmen.

Ob Willkommenskultur, Impfung, Energiewende oder Ukraineunterstützung – mit dem süßen Versprechen ‚besser', ‚bewusster' und ‚empathischer' zu sein, tragen weite Gesellschaftsteile freiheitsgefährdende Agenden mit, die in Wirklichkeit von globalen Eliten initiiert werden, die nur wenig demokratisch legitimiert sind."[227]

Ob auf dem Sofa wie bei Corona oder auf der Straße wie bei der Potsdam-Affäre – ohne den wahren Sachstand erfasst zu haben, spiegelte sich in den Gesichtern der Bürger das wohlige Gefühl, Teil einer Zivilgesellschaft zu sein, die das einzig Richtige tut. Nebenbei bemerkt: Nachdem „unsere Demokratie" erfolgreich gegen den propagierten Rechtsruck verteidigt werden konnte, verloren sich die ursprünglich gegen die Regierung gerichteten Bauernproteste im Sande. Mit dem neuen Fokus auf den rechten Putsch hatte die Mehrheit bereits nach wenigen Tagen vergessen, wie stark die Regierung Scholz überhaupt unter Druck gestanden hatte.

Dass kurz nach Corona gezielt platzierte Panikmeldungen ausreichten, um die Massen in die gewünschte Richtung zu lenken, lässt kaum eine gute Prognose zu. Das lehrbuchartige Empörungsmanagement nach Edward Bernays[228] hatte klaglos funktioniert, daher sehe ich wenig Hoffnung in Bezug auf die alles entscheidende Frage: Ist diese Gesellschaft friedensfähig? Solange Massenmedien und Regierung mit

Nachdruck das Gegenteil fordern, nämlich die Kriegstüchtigkeit, kann der Staat, wie in allen vorangegangenen Kriegen abermals mit breiter Zustimmung aus der Gesellschaft rechnen. Unter den Räuberpistolen ominöser Drohnen, Schattenflotten und Flugzeugen aus Putins Reich werden Mahner zu Besonnenheit und Friedfertigkeit der Kollaboration mit dem Feind bezichtigt. Die Tendenzen dazu sind heute bereits überdeutlich.

Die Formel zur Kriegsbereitschaft lautet: Infantilität (Fremdbestimmtheit) → Angst → Projektion → Kampf.

Dagegen steht die Friedensformel: Reife (selbstständiges Denken) → Urängste befrieden → Schattenarbeit (Projektionen erkennen) → Friedfertigkeit.

Menschen, die sich in ihrem Individuationsprozess – der Heldenreise – kennengelernt haben, sind zum Frieden fähig. Archaische Urängste wurden im „Drachenkampf“[229] befriedet, Projektionen auf „Schuldige“ können als eigene Schattenanteile erkannt werden. „Der Andere“, oder wie Jesus gesagt hätte, „der Nächste“, wird als erweitertes Selbst begriffen.

Leider glaube ich nicht daran, dass die große Mehrheit die Heldenreise antreten wird, denn das hat sie noch nie getan. Meine Hoffnung liegt auf jenen Charakteren, die selbst unter Corona standhielten. Diese Leuchttürme werden in der kommenden Krise die „Boten“ und „Herolde“ für jene sein, die genug vom Selbstbetrug einer infantilisierten Gesellschaft haben. Gemeinsam mit den neuen Gefährten wird man dem Ruf zur Heldenreise folgen, das Abenteuer meistern und nach dem Zusammenbruch der Gesellschaft für den Neuaufbau sorgen. Dietrich Bonhoeffer, der von den Nazis ermordet wurde, schreibt in seinem Buch „Nachfolge“ über diese wenigen Helden wider Willen:

„Sie sind es, ob sie wollen oder nicht, in der Kraft des Rufes, der sie getroffen hat. … Wer von Jesu Ruf getroffen in der Nachfolge steht, ist durch diesen Ruf in seiner ganzen Existenz Salz der Erde.“

KONFLIKTFÄHIGKEIT ALS BASIS FÜR FRIEDFERTIGKEIT

MICHAEL KARJALAINEN-DRÄGER

Viel ist schon geschrieben und diskutiert worden im Hinblick auf Friedenserziehung und Friedenspädagogik. Das eine oder andere wurde auch intensiver erforscht. Dabei ging es vor allem um Friedensbildung, also wie Bildungseinrichtungen jungen, aber auch erwachsenen Menschen Frieden so nahebringen können, dass sie zu Frieden fähige und friedfertige Menschen werden. Verbunden wurde dieser Ansatz oft mit politischer Bildung. Hinterfragt wurde er sehr oft, weil er meist in den Widerspruch geriet zu einer als Verteidigungspolitik bezeichneten Maßnahme, die Sicherheit garantieren und damit auf einen möglichen Krieg vorbereiten soll. Jenen, die eine solche Sichtweise als Problem betrachten, wird vorgeworfen, dass sie einer Utopie aufsitzen, die im durchaus möglichen Ernstfall dazu führen würde, einem Gegner in einem bewaffneten Konflikt, wie Kriege gerne euphemistisch bezeichnet werden, absolut unterlegen und damit vollkommen ausgeliefert zu sein.

Wie so oft neigt der Mensch auch in diesem Fall dazu, Symptom und Ursache zu verwechseln. Jene, die davon profitieren, haben keinen Grund, hier für Aufklärung zu sorgen; die anderen sind sich dieser Fehleinschätzung nicht selten kaum oder gar nicht bewusst. Die genauere Betrachtung ist aber auch hier ein wichtiger erster Schritt, um jene Klarheit zu bekommen, auf deren Basis dann die notwendigen weiteren Schritte gesetzt werden können.

Beginnen wir bei der als Grundlage nötigen Anerkennung der Tatsache, dass Konflikte ein – wesentlicher – Teil des menschlichen Lebens sind. Hilfreich ist dabei auch die

Unterscheidung von Begriffen, die für solche alltäglichen Vorkommnisse verwendet werden, und die Betrachtung von deren Herkunft bzw. ihrer ursprünglichen Bedeutung.

Konflikt ist ein Lehnwort aus dem Lateinischen. Dort wurde es für die Bezeichnung eines Zusammenstoßes bzw. eines Kampfes verwendet. Im 18. Jahrhundert fand es laut etymologischer Forschung Eingang in die deutsche Sprache und wurde für die Benennung von Zusammenstoß und Auseinandersetzung, aber auch für inneren Zwiespalt und Widerstreit verwendet. Heute steht es vor allem für einen Zustand der Unverträglichkeit oder eine Streitigkeit, ebenso für einen inneren Widerstreit oder einen Zwiespalt.

Womit wir bei einem weiteren Wort angelangt sind, das unserer Forschung dienlich ist. Streit basiert auf dem althochdeutschen „stritan", das für eine Auseinandersetzung im Meinungsstreit, das Führen eines Rechtsstreits, aber auch für Zanken oder bewaffnetes Kämpfen und selten für Wetteifern stand. In der mittelhochdeutschen Weiterentwicklung „striten" erhielt es zusätzlich Bedeutungen, nämlich nach etwas zu streben oder zu trachten sowie zu schreiten bzw. große Schritte zu machen. Heute verstehen wir darunter eine heftige, mit Worten ausgetragene Auseinandersetzung zwischen zwei oder mehreren persönlichen Gegnern. Zudem kann der Begriff auch einen „mit Waffen geführten Kampf" meinen, wie etwa im Begriff Streitkräfte erkennbar ist.

Wenn wir also davon ausgehen, dass Konflikt und Streit etwas sind, das die Menschheitsgeschichte begleitet und dementsprechend von Anfang an in die Sprache Eingang gefunden hat, dann hat es keinen Sinn, Konflikte vermeiden zu wollen. Tatsächlich führt eine solche Weigerung bloß dazu, dass diese irgendwann umso heftiger ausbrechen und ob ihrer Dynamik dann schnell destruktiv, also zerstörerisch werden. Diese Möglichkeit hat der Konfliktforscher Friedrich Glasl in seinem Konflikteskalationsmodell dargestellt. Darin beschreibt er die mögliche Entwicklung einer solchen Auseinandersetzung von der bloßen Meinungsverschiedenheit bis hin zur Katastrophe. Er teilt den Weg dorthin in 9 Stufen und 3 Ebenen; während auf Ebene 1 ein Miteinander, also eine win-win-Situation, noch möglich ist, gibt es auf Ebene 2 schon einen Verlierer (win-lose); auf der dritten Ebene sind nur noch Verlierer (lose-lose) zu finden, die letzte Stufe wird mit den Worten „gemeinsam in den Untergang“ drastisch dargestellt. Deutlich wird daran, dass es ein Leichtes ist, in einen solchen Teufelskreis zu geraten. Ebenso deutlich wird aber auch, wo es anzusetzen gilt, um eine Auseinandersetzung konstruktiv zu bewältigen.

Dabei hilft uns die Anerkennung der Tatsache, dass Menschen per se soziale Wesen sind, die einerseits aufeinander angewiesen, andererseits zur Kooperation fähig sind. Die Frage, die sich dabei stellt, ist jene, warum davon im menschlichen Zusammenleben so wenig zu sehen ist. Oftmals diktieren das Recht des (Meinungs-)Stärkeren, die Besserwisserei und das Einzelkämpfertum.

Eine der wesentlichsten Ursachen liegt wohl im bestehenden Erziehungs- und Bildungssystem, in dem das Erlernen von Konfliktfähigkeit nicht an vorderster Stelle zu finden ist. Und wenn es doch einmal auf dem Stundenplan steht, dann handelt es sich bloß um eine theoretische Auseinandersetzung mit dem Thema. In der Praxis aber, oft auch versteckter Lehr- oder Bildungsplan genannt, zeigt sich anhand der Prämissen des Systems bzw. der Vorbildwirkung von Eltern und pädagogischen Fachkräften ein wenig konstruktiver Umgang mit Konflikten; um nur einige Beispiele aufzuzeigen: der elterliche Machtkampf mit dem Kind, die Benennung von Opfer und Täter, Unschuldigen und Schuldigen in einem Streit in der Kindertageseinrichtung oder der Schule, der faule Kompromiss oder das Diktat der eigenen Meinung bzw. des eigenen vermeintlichen Wissens. Diese Vorgangsweise wird von den Heranwachsenden internalisiert und zur Basis für deren Konflikt(un)fähigkeit, die wiederum die Wurzel für den Mangel an Friedfertigkeit und Friedensfähigkeit ist.

Ein wirklicher, dauerhafter Frieden ist nur möglich, wenn ich in der Lage bin, Konflikte aller Arten konstruktiv und – um es mit Glasl zu sagen – innerhalb der ersten 3 Stufen auf Ebene 1 des Konflikteskalationsmodells, bei denen alle Beteiligten noch als Gewinner hervorgehen können, zu bearbeiten und im Idealfall zu lösen. Auch diese Unterscheidung ist wichtig, denn wer sich eine Lösung zum Ziel setzt, in der alle Beteiligten zu ihrem Recht kommen, wird sehr oft scheitern; wer aber bereit ist, einen Prozess der Bearbeitung zu beginnen, befindet sich auf einem in der Regel von Erfolg gekrönten Weg. Denn dieser Erfolg kann auch bedeuten, dass man sich darauf einigt, unterschiedliche Meinungen zu haben und (vorerst) dabei zu bleiben, jedoch Abstand davon nimmt, den anderen von seiner eigenen Meinung zu überzeugen oder ihn aufgrund seiner anderen Sichtweise abzuwerten oder gar zu verurteilen. Letztendlich besteht ja auch die Möglichkeit, einander zukünftig – zumindest in der umstrittenen Thematik – aus dem Weg zu gehen.

Auch der in der Wissenschaft gebräuchliche Vorgang, dass es zu jeder These eine oder mehrere Antithesen gibt, die sogar als förderlich für die Entwicklung einer Synthese betrachtet werden sollten, kann auch im Konfliktfall äußerst gedeihlich sein. Zudem hilft es auch, die an der Auseinandersetzung Beteiligten nicht als Gegner, sondern als Partner zu sehen, mit denen man sich in einen wertschätzenden und respektvollen Widerstreit begibt, mit dem Ziel, gemeinsam ein noch besseres Ergebnis zu erzielen.

Verwechseln dürfen wir dabei auch nicht die Begriffe Kompromiss, Konsens oder Konsent. Während ein Konsens die letztendlich gewonnene gemeinsame Sichtweise beschreibt, kann ein Kompromiss auch faul sein; nämlich dann, wenn sich einer der Beteiligten am Ende doch ausgebootet und als Verlierer fühlt. Ein Konsent hingegen, wie er in der Soziokratie üblich ist, zeigt die Bereitschaft der Streitenden, einer vorerst und vorläufig gefundenen Lösung keinen schwerwiegenden Einwand entgegen zu setzen. Der einfache Einwand wird dokumentiert und regelmäßig in der laufenden Evaluation berücksichtigt, so lange, bis er sich aufgelöst hat. Besteht dagegen ein von Anfang an schwerwiegender Einwand gegen einen Entscheidungsvorschlag, der das gesamte Projekt gefährdet, muss dieser Vorschlag so lange überarbeitet werden, bis nur mehr ein einfacher Widerspruch besteht. Diese Methode hat sich vor allem in kleinen Einheiten bewährt, ist also auch im Familien- und Bildungssystem ein probates Mittel für konstruktive Konfliktaustragung.

In dieser Methodik zeigt sich auch der Respekt vor dem Andersdenkenden, dem sogar die wichtige Rolle des Korrektivs zuerkannt wird. Dieser Respekt ist auch eine Haltung, die im Umgang mit Heranwachsenden ein absolutes Muss ist. Dazu müssen alle, die junge Menschen im Leben begleiten, die Bereitschaft haben, diese als vollwertige Menschen und als Subjekte zu betrachten. Wer meint, hier unreife Objekte vor sich zu haben, an denen so lange „herumgedoktert“ werden muss, bis sie im Sinne der Erwachsenen funktionieren, darf sich nicht wundern, wenn der sich dadurch aufbauende Widerstand in Aggression gegen andere oder – meist versteckt – gegen sich selbst zum Ausdruck kommt. Das aber ist die Wurzel aller kriegerischen Handlungen, die anderen Menschen, aber auch jedem selbst fürchterlich schaden, sowohl im Kleinen, also dem direkten Umfeld, wie im Großen, also unserem Gesellschaftssystem.

Zu berücksichtigen ist in diesem Zusammenhang auch die den Systemen innewohnende strukturelle Gewalt. Diese Strukturen sind so gestaltet, dass sie den Beteiligten nur begrenzte oder keinerlei Wahlmöglichkeiten bieten, wodurch sie auf eine sehr eingeschränkte Auswahl an Optionen festgelegt werden. Um ein Beispiel zu nennen: In einer Grundschule dürfen Kinder zwar darüber entscheiden, welche Klasse wann den Ballkäfig nutzen darf, bezüglich Gestaltung des Schulhofes oder gar die Inhalte des Lehrplans sind sie aber nicht entscheidungsberechtigt. Diese Form der Gewalt als eine der Ursachen für Kriegsbereitschaft zu erkennen und die Ergreifung notwendiger Schritte zu grundsätzlichen Veränderungen, ist eine weitere wesentliche Basis, um eine friedensfähige und friedfertige Gesellschaft zu ermöglichen.

Den Schlüssel für den Frieden haben, diesen Ausführungen nach, also jene in der Hand, die (jungen) Menschen zeigen, wie konstruktive Konfliktbearbeitung funktioniert. Sie sind damit aufgefordert, ihre persönliche Haltung zu hinterfragen, ihre Methodik zu überprüfen und ihr Verhalten in die beschriebene Richtung zu ändern, um tatsächlich zum guten Vorbild zu werden, an dem sich zukünftige Generationen orientieren können, zum Wohl für uns alle.

WIE GELINGT FRIEDEN? NEUTRALITÄT – ZIVILER WIDERSTAND – GEWALTFREIHEIT

DR. PETER KOLBA

Unsere Welt ist voll von Kriegen und Aufrüstung. Die Ukraine kämpft nach dem Angriff durch Russland – als Stellvertreter der NATO – gegen Russland. In Gaza geschieht vor den Augen der Weltöffentlichkeit ein Völkermord. Im Sudan sterben die Menschen bei einem Bürgerkrieg. Die NATO und die EU wollen uns „kriegstüchtig" machen und starten ein Milliarden teures Aufrüstungsprogramm. Die USA wollen weiters 2026 in Deutschland wieder Mittelstreckenraketen stationieren.

FRIEDEN IST MEHR …

Immer mehr Menschen erkennen die Spirale der Aufrüstung und deren Auswirkungen und fordern den sofortigen Frieden in all diesen Auseinandersetzungen. Doch Frieden ist mehr als nur die Abwesenheit von physischer militärischer Gewalt. Johan Galtung[230] hat den Begriff „strukturelle Gewalt" in die Friedensforschung eingebracht.

Frieden erfordert auch den Abbau der „Strukturellen Gewalt". Strukturelle Gewalt bezieht sich auf Formen der Gewalt, die nicht unmittelbar von individuellen Akteuren verübt werden, sondern in sozialen Strukturen, Institutionen oder Systemen eingebettet sind. Es ist Aufgabe der Friedens- und Konfliktforschung, diese Formen der strukturellen Gewalt und einen Weg zum gewaltfreien Widerstand gegen solche Strukturen aufzuzeigen.

Dennoch: Wir stehen heute vor Kriegen mit hunderttausenden Toten und massiver Aufrüstung für eine Auseinandersetzung des Westens mit Russland und China. Diese Aussicht lässt die Gefahr eines Atomkrieges massiv ansteigen. Daher gilt es zunächst einmal, den Kriegshetzern in Politik und Medien rasch in den Arm zu fallen.

NEUTRALITÄT

In Österreich und der Schweiz sowie in Irland gibt es ein Bekenntnis zur Neutralität im Fall von Konflikten zwischen Staaten.[231]

Die österreichische Neutralität geht darauf zurück, dass insbesondere die Sowjetunion darauf gedrungen hat und die Neutralität als Voraussetzung für die ungeteilte Eigenstaatlichkeit Österreichs angesehen hat. Im Moskauer Memorandum hat sich Österreich daher – aus freien Stücken – dazu bereit erklärt, mit der Eigenstaatlichkeit die Neutralität zu erklären. Nur deshalb konnte Leopold Figl nach Abschluss des Staatsvertrages am 15. Mai 1955 im Belvedere verkünden: „Österreich ist frei!". Nach Abzug der letzten Besatzungstruppen erklärte dann der Nationalrat im Neutralitätsgesetz die „immerwährende Neutralität" Österreichs.[232]

Die Neutralität brachte Österreich die ungeteilte Eigenstaatlichkeit. Mit Deutschland wurde nach dem Zweiten Weltkrieg kein Friedensvertrag geschlossen. Stattdessen übernahmen die Siegermächte die oberste Regierungsgewalt und teilten das Land in vier Besatzungszonen auf. Deutschland wurde erst mit dem Zwei-plus-Vier-Vertrag im Jahr 1990 wiedervereinigt und erhielt seine volle Souveränität zurück.

Im Jahr 1963 hat der österreichische Physiker Hans Thirring einen Friedensplan für „Mehr Sicherheit ohne Waffen" vorgelegt.[233] Er forderte für Österreich den Abbau des Militärs und wollte damit ein Zeichen setzen, dass etwa auch Deutschland diesem Beispiel folgen möge. Sein Ziel war es, einen Gürtel neutraler Staaten zwischen der NATO und dem Warschauer Pakt zu schaffen und damit Konflikte zwischen den Blöcken einzudämmen.

Wie wir wissen, ist es anders gekommen. Zunächst kam es zu einer Stationierung von Mittelstreckenraketen der UdSSR (SS 20) und der NATO (Pershing II). Gegen den NATO-Doppelbeschluss haben in Bonn im Jahr 1983 rund 350.000 Menschen demonstriert. In Wien waren es auf dem Rathausplatz immerhin auch rund 70.000; zunächst ohne Erfolg. Doch dann kam es doch zur Abrüstung der Raketen.

Der INF-Vertrag (Intermediate-Range Nuclear Forces Treaty) war ein Abrüstungsabkommen zwischen den USA und der Sowjetunion, das am 8. Dezember 1987 unterzeichnet wurde und am 1. Juni 1988 in Kraft trat. Er verbot landgestützte nukleare und konventionelle Raketen mit einer Reichweite zwischen 500 und 5.500 Kilometern.[234]

Im Jahr 1989 fiel die Berliner Mauer und 1991 wurde der Warschauer Pakt aufgelöst. Der Westen hatte Russland versprochen, das Ende des Militärpaktes nicht dazu zu verwenden, den Einfluss von NATO und EU nach Osten auszuweiten.[235]

Daran hat sich der Westen nicht gehalten und in der Ukraine kam es letztlich zur militärischen Konfrontation.

In Österreich wurde beim Beitritt zur EU am 1.1.1995 sehenden Auges keine Ausnahme für die Neutralität Österreichs herausverhandelt. Vielmehr gibt es nur die einseitige Erklärung Österreichs, dass seine Neutralität dennoch gewahrt bliebe.

Die Neutralität Österreichs war bis 1990 in Politik und Rechtswissenschaft unumstritten. Doch mit dem Beitritt zur EU änderten die Parteien ihre Haltung. Offiziell wird an der Neutralität festgehalten[236], doch tatsächlich wird die Integration Österreichs in die NATO bzw. in eine EU-Armee betrieben.[237]

Es wäre an der Zeit, sich an den Friedensplan von Hans Thirring aus 1963 zu erinnern. Was für eine Idee: Österreich zu einem Beispiel der unbewaffneten Neutralität zu machen und auch Deutschland – statt mit Mittelstreckenraketen aufzurüsten – zum neutralen Staat zu wandeln.

ZIVILER WIDERSTAND

Militärische Landesverteidigung bedeutet, dass um jeden Quadratmeter Staatsgebiet mit Waffengewalt gekämpft wird. Gekämpft wird von Soldaten, die der Befehlsgewalt eines Staates unterstehen. Ob man kämpfen will, wird dann nicht mehr gefragt. Auf Kriegsdienstverweigerung und Desertion stehen hohe Strafen.

So beschießen sich Menschen in Schützengräben wechselseitig, die einander weder kennen noch feind sind. Die Ukraine zeigt, wie in einem Stellungskrieg, ähnlich dem 1. Weltkrieg, hunderttausende Soldaten dafür fallen, dass sich die Front um wenige Quadratkilometer verschiebt.

Die Notwendigkeit einer „Kriegstauglichkeit" wird damit argumentiert, dass man den Staat ebenso wie seine Freundin in einer Notwehrsituation („... nachts im Park..."[238]) verteidigen müsse. Doch hier liegt ein schwerer Denkfehler vor. Nachts im Park liegt die Entscheidung, ob und vor allem mit welchen Mitteln ich meine Freundin verteidige, bei mir selbst. Es mag in dieser Nothilfe-Situation auch Gewaltanwendung eine Option sein. Doch befindet sich der Staat in Notwehr, dann kann der Einzelne nicht mehr entscheiden, welche Mittel zum Einsatz kommen. Er ist selbst ein Mittel zum Zweck (Menschenmaterial). Er hat auf Befehl zu schießen und zu töten.[239]

Dagegen versucht „ziviler Widerstand“ oder das Konzept der „Sozialen Verteidigung“, die Strukturen der Zivilgesellschaft gegen militärische Übergriffe eines anderen Landes zu schützen.[240]

Soziale Verteidigung geht von dem Wertegrundsatz aus, dass Menschenleben und Strukturen einer Gemeinschaft wichtiger sind als politisch-historische Einflusssphären. Es lohnt sich weniger, historisch gewachsene hegemoniale Grenzen zu erhalten als die soziale Struktur einer Gesellschaft und ihre Einrichtungen. Die Nachteile, die bei der Machtausübung von Besatzern entstehen, sind eher zu ertragen als die Opfer an Menschenleben, die eine militärische Verteidigung mit sich bringt. Fremdherrschaft ist besser als gegenseitige Zerstörung.

Soziale Verteidigung geht von der Voraussetzung aus, dass ein Aggressor größtmöglichen Nutzen aus seinem Angriff ziehen möchte, und zwar im Sinne einer Nutzung von Ressourcen und Arbeitskraft des besetzten Landes („rationale Ziele“); somit ist ihm an der effektiven Beherrschung des Landes gelegen und nicht an dessen Zerstörung.

Daran setzen dann die Methoden des gewaltfreien Widerstandes an: Demonstrationen, Streiks, Boykott, Sabotage. Während militärische Verteidigung in der Regel den Eintrittspreis für einen Aggressor möglichst hoch gestalten will, beschert die sich gewaltlos verteidigende Bevölkerung dem Aggressor einen hohen Aufenthaltspreis.

Die 2011 veröffentlichte Studie „Warum ziviler Widerstand funktioniert“ der US-Amerikanerinnen Erica Chenoweth und Maria J. Stephan[241] zeigt, dass gewaltfreie Aufstände in den betrachteten 323 Konflikten im Zeitraum 1900 bis 2006 weltweit fast doppelt so wirksam waren wie gewaltsame Methoden.

Die Wahrscheinlichkeit einer Demokratie fünf Jahre nach einem Konflikt ist demnach bei gewaltfreiem Vorgehen zehnmal höher als bei der Wahl gewaltvoller Mittel.

Die Wahrscheinlichkeit eines Bürgerkriegs zehn Jahre nach dem Konflikt ist bei der Wahl gewaltvoller Mittel fast doppelt so hoch wie bei der Wahl gewaltfreier Mittel zur Erreichung politischer Ziele. Gewaltfreie Kampagnen bedingen wesentlich weniger Tote, Verletzte und materielle Zerstörungen.

WEHRDIENSTVERWEIGERUNG UND DESERTION

In der Friedensbewegung der 1980er Jahre gab es den Spruch: „Stell Dir vor, es ist Krieg und keiner geht hin!“[242] Eine Utopie zwar, aber auch ein Aufruf, sich persönlich dem Töten zu entziehen.

In demokratischen Rechtsstaaten ist Kriegsdienstverweigerung i.d.R. ein gesetzlich geschütztes Bürgerrecht. Dessen Ausübung ist jedoch meist an bestimmte Verfahren und Auflagen gebunden, deren Missachtung strafrechtliche Folgen hat.

In Diktaturen, bei staatlich verhängtem Ausnahmezustand (Kriegsrecht) und für Soldaten einer Berufsarmee ist Kriegsdienstverweigerung oft illegal und wird als schwere Straftat behandelt.

Seit 1945 wurde ein Recht auf Kriegsdienstverweigerung in immer mehr Staaten gesetzlich anerkannt. 1987 erkannte die Vollversammlung der Vereinten Nationen (UN) das Recht zur Kriegsdienstverweigerung als allgemeines Menschenrecht an.

Einige Staaten, die für Friedenszeiten zwar ein Kriegsdienstverweigerungsrecht haben, schränken dieses in einer Kriegssituation durch das Kriegsrecht ein oder heben es ganz auf. Bei Zwangsrekrutierung bleibt Kriegsdienstverweigerern dann nur die Desertion, die staatlich verfolgt und bestraft wird.

Verfolgte Kriegsdienstverweigerer, die sich der Strafe durch Flucht ins Ausland zu entziehen versuchen, werden dort – nach jeweiligen Einzelfallprüfungen – oft nicht als politische Flüchtlinge anerkannt und erhalten auch kein Asyl.

Neben dem Asylverfahren könnte die EU noch andere Maßnahmen ergreifen, bei denen keine Einzelfallprüfung nötig ist. Zum Beispiel könnte sie bestimmten Personengruppen einen vorübergehenden Schutz gewähren. Dort reicht dann die Zugehörigkeit zu dieser Gruppe aus, wie etwa bei den Geflüchteten aus der Ukraine.

Das österreichische Innenministerium schätzte am 8. September 2023, dass rund 14.000 ukrainische Männer (als Flüchtlinge) in Österreich leben, die altersmäßig in die Gruppe der Wehrpflichtigen fallen dürften. Dem Aufruf zum Wehrdienst nicht Folge zu leisten, ist in der Ukraine ein Delikt nach Militärrecht.

Der Artikel 4 des EU-Auslieferungsabkommens ist bei einem solchen Delikt allerdings nicht wirksam. Würde die Ukraine die Auslieferung von Personen aus diesem Grund begehren, würde Österreich die Betroffenen hoffentlich nicht ausliefern.

Auch wenn derzeit Menschen aus Russland oder aus Israel geflohen sind, weil sie den Kriegsdienst verweigern, sollten diese Menschen im neutralen Österreich jedenfalls geduldeten (humanitären) Aufenthalt bekommen.

Dennoch ist zu fordern, dass Kriegsdienstverweigerung – ohne Wenn und Aber – in Österreich und international als Asylgrund anerkannt wird.

KLIMASCHUTZ UND RÜSTUNG

Krieg zerstört neben unzähligen Menschenleben die Umwelt, Krieg ist ein verdeckter Klimatreiber. Bombardierte Städte, Infrastruktur und Industrieanlagen setzen Treibhausgase frei. Der Wiederaufbau nach Kriegen ist extrem CO_2-intensiv (Zement, Stahl, Diesel). Millionen von Klimaflüchtlingen und Kriegsvertriebenen benötigen Notversorgung, Mobilität und neue Infrastruktur – mit klimapolitischen Folgen. Kriegsbedingte Energiekrisen (wie der Ukraine-Krieg 2022) haben kurzfristig zu mehr fossiler Nutzung geführt.[243]

Aufrüstung treibt die Klimakrise an: Wie viel genau, das hat eine Studie für die 31 Staaten des Militärbündnisses NATO beziffert. Im Jahr 2021 haben die NATO-Staaten demnach allein durch ihre Armeen und deren Infrastruktur fast 200 Millionen Tonnen CO_2-Emissionen produziert. Das ist mehr als ein Viertel dessen, was ganz Deutschland im vergangenen Jahr insgesamt an Treibhausgasen ausgestoßen hat.

Rüsten diese Länder nun weiter auf, steigert sich auch der Klimaeffekt. Das zeigt sich dem Bericht nach auch schon. Den CO_2-Ausstoß, den das Nato-Militär im Jahr 2023 verursacht hat, schätzen die Autor:innen auf 226 Millionen Tonnen.[244]

Bis Ende des Jahrzehnts könnten die Militär-Emissionen der Nato noch deutlich steigen, warnen die Autor:innen. Wird wie geplant aufgerüstet, dürften sie der Studie nach dann bei fast 300 Millionen Tonnen CO_2 pro Jahr liegen.

krieg der Regierung Netanjahu in Gaza kritisiert, ist ein „Antisemit". Diese Aufteilung in „schwarz" oder „weiß" zerstört Werte wie Solidarität und Bündnisfähigkeit.

Die Regierungen befördern diese Entwicklung. Die Maßnahmen gegen „Hass-Kriminalität" eskalieren in Deutschland zu Hausdurchsuchungen und Strafverfahren. Die Innenminister wollen immer mehr Überwachung im öffentlichen Raum und in den sozialen Netzwerken durchsetzen. Auch dagegen müssen wir uns wehren, wenn wir uns einem Frieden im weiteren Sinn nähern wollen.

„Der Weg ist das Ziel" will sagen: Wir müssen im Zuge einer Anti-Kriegs-Bewegung bereits Elemente des Friedens im weiteren Sinn vorwegnehmen, gewaltfrei, demokratisch und solidarisch handeln und so den Vernichtern der Menschheit in den Arm fallen.

FRIEDEN IN FREIHEIT DURCH WAHRHEIT

WOLFGANG EFFENBERGER

Friede ist nur durch Freiheit, Freiheit nur durch Wahrheit möglich. Daher ist die Unwahrheit das eigentlich Böse, jeden Frieden Vernichtende: die Unwahrheit von der Verschleierung bis zur blinden Lässigkeit, von der Lüge bis zur inneren Verlogenheit, von der Gedankenlosigkeit bis zum doktrinären Wahrheitsfanatismus, von der Unwahrhaftigkeit des einzelnen bis zur Unwahrhaftigkeit des öffentlichen Zustandes.
Karl Jaspers (1883–1969), „Die Voraussetzungen des Friedens" – 1958

Der Friede ist ein Zustand, den wir uns sehnlichst wünschen und den mir doch die Geschichte Europas und meine eigene Biografie oft unerreichbar erscheinen ließen. Als Kind aus einer Familie, die aus Schlesien vertrieben wurde, mit dem Wissen um einen Großvater, der das Konzentrationslager überlebte, erfuhr ich früh, wie zerbrechlich Würde und Sicherheit sind. Die ersten Lebensjahre im Vertriebenenlager prägten nicht allein das Verständnis für die Notwendigkeit von Frieden, sondern auch für die Rolle von Wahrheit und Freiheit als Voraussetzungen einer humanen Gesellschaft.

PRÄGENDE ERFAHRUNGEN: SCHULD UND SEHNSUCHT

Das Erleben der Nachkriegszeit war geprägt von Unsicherheit, Verlust und einer tiefen Sehnsucht nach Heimat und Verlässlichkeit. Der Schatten des totalitären Wahns, die Wunden der Vertreibung und das Schweigen über

Schuld und Leid waren präsent – in Familiengesprächen und in den stillen Pausen der Erinnerung. Als Jugendlicher, im Bann der Kuba-Krise kurz vor dem drohenden Atomkrieg, wurde mir die Gewalt und Abgründigkeit der menschlichen Geschichte deutlich. Mit dem Eintritt in die Bundeswehr hoffte ich, Sinn zu finden im Einsatz für Frieden und Freiheit. Doch die Konfrontation mit den NATO-Strategien des atomaren Gefechtsfelds und der Bedrohung Mitteleuropas zeigte mir, wie tief Täuschung und Ideologie das friedliche Zusammenleben gefährden.

Aber was ist Frieden? Nicht einfach die Abwesenheit von Krieg, sondern ein Zustand der Offenheit und ein aktives Bemühen in jedem Menschen. Frieden reift erst dann, wenn Freiheit erfahren und Wahrheit anerkannt wird. In Familien wie in Gesellschaften gilt: Der Friede ist brüchig, solange er im Schatten der Verdrängung und der Lüge bleibt. Die Worte von Karl Jaspers klingen nach – die Unwahrheit ist das eigentliche Böse, das jede Beziehung zerstören kann und den gesellschaftlichen Zusammenhalt unterminiert.

Wahrhaftigkeit verlangt Mut, den Mut, Fehler zuzugeben, Zweifel zuzulassen und das Risiko einzugehen, die eigene Ansicht zu verändern. Wie Friedrich Nietzsche mahnt, dürfen wir Überzeugungen nie verabsolutieren; sie schützen uns zwar, können aber auch Mauern errichten. Der Mensch ist geneigt, aus Angst vor Unsicherheit in ideologisches Denken zu flüchten, und dies ist oft der Anfang der inneren Unfreiheit. Wer in der Lüge verharrt – bewusst oder aus Bequemlichkeit – verliert die Freiheit zur echten Begegnung, bleibt isoliert und unfriedlich.

UNSERE ZEITENWENDE: DIE KRISE DER GEWISSHEITEN

Wir leben nach den Erfahrungen von Krieg, Teilung und Wiedervereinigung heute erneut in einer Zeitenwende. Vertraute Sicherheiten bröckeln, politische Begriffe wie „Abschreckung", „Werteverteidigung" oder „Zeitenwende" werden Leitmotive öffentlicher Debatte. Doch hinter diesen Parolen stehen reale Bedrohungen: steigende Preise, klimatische Veränderungen, ein zerbrechendes Sozialgefüge. Die Ursprungskraft einer Zeitenwende liegt nicht in Aufrüstung und Konfrontation, sondern im Wandel der inneren Haltung und in der Öffnung zum Dialog.

Unter den gegenwärtigen Bedingungen ist dieser Wandel allerdings nicht zu erwarten. Die US-Langzeitstrategie ist seit 1898 auf Expansion und Dominanz ausgerichtet – und diese Dominanz ist inzwischen fast global, zumindest was die Beeinflussung der öffentlichen Meinung und den Umgang mit Ressourcen angeht. Ein Dialog setzt wahrheitsgetreue Information voraus. Die westlichen Leitmedien gewährleisten diese Information schon lange nicht mehr.

Über das im September 2014 verabschiedete US-Strategiepapier vom Befehlsbereich Training and Doctrine-Command (TRADOC) 525-3-1 „Win in a Complex World 2020–2040" wurde in den vergangenen 11 Jahren in der Welt über 3 Millionen Mal berichtet – in der Süddeutschen Zeitung wurde es nicht ein einziges Mal thematisiert. Da muss man schon von Zensur sprechen. Das Papier stellt die Weichen eindeutig auf Krieg:

Die US-Streitkräfte sollen in einem Multidomain-Ansatz (Land, Luft, See, Weltraum, Cyber) aggressive Maßnahmen ergreifen und Konkurrenten „penetrieren, desintegrieren und ausnutzen". Der Stellvertreterkrieg in der Ukraine ist kein bloß regionales Ereignis, sondern Teil der globalen

Strategie, den Einflussbereich Russlands einzuschränken und die US-Hegemonie aufrechtzuerhalten. Die Logik des imperialistischen Machtanspruchs führt immer zu Gegenreaktionen, Eskalationen und letztlich zu einem Zustand permanenter Wettbewerbs- und Kriegsbereitschaft. Frieden wird dadurch erschwert, wenn nicht unmöglich gemacht.

In der wissenschaftlichen Literatur werden mehrere kritische Punkte am TRADOC Papier 525-3-1 „Win in a Complex World 2020–2040" thematisiert:

Imperialismus und Machtprojektion, Militarisierung und Eskalationsgefahr, Hybride Kriegsführung, Stellvertreterkriege, dauerhafte Sicherheitsdynamiken und eine fehlende Friedensperspektive.

Diese Kritikpunkte werden in wissenschaftlichen Arbeiten, sicherheitspolitischen Analysen und Friedensforschungen immer wieder angeführt, um die Grenzen und Gefahren der in 525-3-1 formulierten US-Strategie aufzuzeigen. Die Diskussion macht deutlich, dass diese Strategie im Kontext anhaltender globaler Unsicherheit und multipler Konflikte eine wichtige Basis der amerikanischen Weltmachtpolitik darstellt, gleichzeitig aber langfristig Frieden und Sicherheit eher erschwert als fördert.

Im Vorgängerpapier vom August 1994 wurden die US-Streitkräfte auf zwei Dekaden der Transition über die Stufen Unruhe, Krise, Konflikt und schließlich Krieg vorbereitet (Irak, Afghanistan, Libyen, Syrien ...). Zugleich sollte die US-Armee Anfang des 21. Jahrhunderts die modernste sein, um überall auf dem Planeten eingreifen zu können (Multidomain).

Im nationalen US-Sicherheitspapier vom Oktober 2022 findet sich neben den Hauptelementen von TRADOC

525-3-1 noch die Forderung nach weltweiten dauerhaften Vorteilen.

Unter diesen Voraussetzungen ist Frieden nicht möglich, weil er von Seiten der USA nicht erwünscht ist.

WAS KÖNNEN WIR TUN?

Als einzelne Menschen können wir der Zerstörung etwas entgegensetzen, denn Frieden beginnt nie im Großen, sondern immer im Kleinen. In unserem Alltag, im Zuhören, im Kompromiss, in freundschaftlicher und nachbarschaftlicher Unterstützung wächst das, was zwischen Staaten auch gelingen müsste. Geschichtliche Beispiele lehren uns, wie verletzlich und selten heroisch Frieden tatsächlich ist. Er muss täglich neu gestaltet, verteidigt und als mögliche Alternative gegen Gleichgültigkeit und Aggression behauptet werden.

GLOBALE HERAUSFORDERUNGEN ALS NEUE PRÜFUNG

Die Konflikte unserer Epoche sind längst global: Klimawandel, Ressourcenkonkurrenz oder Pandemien fordern internationale Kooperation statt Konfrontation. Die alten Grenzziehungen verblassen im Angesicht gemeinsamer Bedrohungen. Kein orbitaler Satellit kennt nationale Grenzen; wir sollten endlich darin Anlass zur Demut und zur Suche nach gemeinsamen Lösungen sehen. Globale Solidarität kann nicht auf Zwang beruhen, sondern benötigt wechselseitige Anerkennung und Ehrlichkeit.

DIE ROLLE DER MEDIEN: INFORMATION UND MANIPULATION

Noch nie konnten Informationen so schnell und weit verbreitet werden. Doch der Zugriff auf Bilder und Narrative ist auch ein Zugriff auf unsere Meinungen; Fronten entstehen nicht selten erst durch mediale Inszenierungen. Echtes Friedenshandeln des 21. Jahrhunderts bedeutet auch: Medienmündigkeit entwickeln, Informationsquellen kritisch reflektieren – und sich die Sensibilität für Feindbilder und manipulierte Wahrheiten bewahren. Jeder ist gefordert, den eigenen Blick auf die Wirklichkeit zu prüfen und sich nicht von Angst- oder Hassdynamik treiben zu lassen.

EUROPA: VERANTWORTUNG UND ERINNERUNGSKULTUR

Europa ist Labor und Mahnung zugleich. Der Kontinent, aus dem so viel Krieg hervorging, ist in der Verantwortung, Wege zu erschließen, die über militärische Bündnisse hinausgehen.

Schon der Erste Weltkrieg war ein tiefgreifendes Verhängnis für ganz Europa.

Die Erinnerung an Leid und Versöhnung hilft, die Gegenwart als fragil zu begreifen und solidarisch zu handeln. Erinnerungskultur sollte nicht Schuld perpetuieren, sondern vor Geschichtsvergessenheit schützen und eine Grundlage für neues Vertrauen schaffen.

SPIRITUALITÄT UND INNERE UMKEHR

Frieden ist nicht allein ein politisches oder wirtschaftliches Projekt, sondern verlangt geistige Entwicklung und Herzensbildung. Wer im Inneren gehetzt und entfremdet lebt, wird auch im Äußeren keinen Frieden stiften. Die eigentliche Zeitenwende wäre eine Revolution des Mitgefühls, ein Wandel vom technologischen und materiellen Fortschritt hin zu Empathie und gegenseitiger Anerkennung.

MUT ZUR UTOPIE

Was, wenn die Zeitenwende bedeutet: gemeinsame Abrüstung, echte Nachhaltigkeit, Ausgleich der Lebensverhältnisse und gemeinsames Engagement gegen Klimakrisen? Das klingt zunächst utopisch, doch die Geschichte lehrt, dass viele heute selbstverständliche Friedensprojekte einst als naiv galten. Es braucht die Bereitschaft, das Undenkbare zu denken und Praktisches daraus folgen zu lassen. Jeder Schritt zu mehr Kooperation und Offenheit ist gelebter Frieden.

Unsere Zeitenwende muss im Herzen beginnen. Lasst uns den Mut haben, die Wahrheit zu suchen – tastend, offen, mit Mitgefühl und Demut. Der Friede beginnt im Hier und Jetzt, in den Worten, im Eingeständnis eigener Unsicherheit, im Dialog mit dem Anderen. Erst die Freiheit, gegründet auf Wahrheit, lässt uns Frieden finden – in uns selbst und in der Gesellschaft.

Lasst uns den Ruf nach Frieden immer wieder erneuern, denn auch inmitten von Spaltung und Krisen ruft die Vernunft: Wählt das Leben. Nur wenn wir diesen Ruf hören und annehmen, kann aus unserer Zeitenwende eine nachhaltige Wandlung zu einer Epoche des Friedens werden.

NACHWORT
SEIT WANN IST FRIEDEN EIN SCHIMPFWORT?

PROF. DR. DR. MARTIN HADITSCH

Bevor ich mich mit diesem Thema auseinandersetze, muss ich vorausschicken, dass ich weder Politiker noch Militärexperte bin, vielmehr Arzt und bekennender Pazifist. Und trotzdem war ich für viele Jahre Berater des Österr. Ministeriums für Landesverteidigung. Dieses Mandat ist etwas überraschend, aber dennoch nicht völlig unerwartet mit 2022 ausgelaufen, hatte ich doch meine maßnahmen- (und damit system-)kritische Position hinsichtlich Corona (wir erinnern uns ja vielleicht noch dunkel: es war ja auch immer ein hochrangiger Militär bei den Pressekonferenzen anwesend – warum eigentlich?) und meine Kritik an Waffenlieferungen durch unser offiziell ja noch neutrales Österreich offen artikuliert. Ob einer dieser Aspekte, die Kombination beider oder vielleicht etwas ganz anderes letztlich für die Beendigung meiner Beratertätigkeit seitens des Ministeriums verantwortlich war, ist mir nicht bekannt.

Schon seit Studienzeiten habe ich einen erheblichen Teil meiner beruflichen Tätigkeit, ja auch meiner Freizeit, dem Thema der Vorsorgemedizin gewidmet, und das bedeutet – ja, verpflichtet eigentlich –, wo immer möglich, gesundheitlichem Schaden vorzubeugen. Bekanntlich ist jede Form von Krieg, ob konventionell, atomar, biologisch, chemisch, psychologisch oder im Cyberspace letztlich eine potentiell katastrophale Gesundheitsbedrohung – mit anderen Worten war und ist es für mich unausweichlich, mich für Frieden auf unterschiedlichsten Wegen einzusetzen.

In keiner dieser Situationen, schon gar nicht bei bewaffneten Konflikten war und ist Schweigen eine Option. So habe ich z.B. bereits im Spätsommer 2022 eine Petition an die österreichische Bundesregierung unterschrieben, mit der dringlichen Bitte, die Kriegsparteien Ukraine und Russland in einem offiziell ja neutralen Österreich an den Verhandlungstisch zu bringen. Auch war es eine Freude und Ehre, im Juli 2025 beim größten deutschen Friedensfestival Pax – Terra – Musica mit meiner Band I.C.U – DIE ÄRZTEBAND[253] in Friesack (noch dazu als sogenannter „Headliner" am Freitagabend) aufzutreten und mich damit auch auf diesem Weg öffentlich für die Friedensidee einzusetzen.

Obwohl mir durchaus bewusst ist, dass kriegerische Auseinandersetzungen überall – so auch im Gazastreifen oder im Jemen – und immer tragisch sind, will ich nun versuchen, die Bedeutung des Friedens – gerade für uns in Europa – am Beispiel der Ukraine ein wenig herauszuarbeiten.

Schon damals im Jahr 2022 hatten wir bei dieser genannten Petition das Gefühl, dass Frieden gar nicht erwünscht ist – und genau genommen war das ja schon nach wenigen Wochen Ukraine-Krieg evident geworden, als ein fertig ausverhandelter, unterschriftsreifer Friedensvertrag zwischen der Ukraine und Russland in Istanbul vorlag, dieser Friedensschluss aber durch eine Kiew-Reise von Boris Johnson durchkreuzt wurde, indem er sinngemäß meinte, „der Westen" sei zu diesem Frieden nicht bereit. Bitte machen wir uns das noch einmal ganz deutlich bewusst: Wir im sogenannten Werte-Westen waren es, die als Kriegstreiber die Hauptschuld an Hunderttausenden, oftmals jungen Toten und den allermeisten Schäden auf beiden Seiten der Front, an einem unvorstellbaren menschlichen Desaster, an der Traumatisierung mehrerer Generationen in dieser Region tragen. Wie auch immer die geostrategischen Phantasien der damaligen Entscheidungsträger gelautet haben mögen, das aktuell wahrscheinlichste Szenario lautet: Vermutlich wird die Ukraine am Ende schlechter abschneiden als bei einer damaligen Unterzeichnung, all diese Menschen haben völlig unnötig ihr Leben geopfert, von den unzähligen physisch und seelisch Verwundeten ganz zu schweigen.

Betrachtet man die Entwicklungen in diesem Krieg, so ist auch für mich, der ich über keine geostrategische Expertise verfüge, evident, dass hier von völlig realitätsfernen, kriegsgeilen, an Selbstüberschätzung nicht zu übertreffenden menschen(würde)-verachtenden Hampelmännern alle Register gezogen werden, um ein zunehmend destabilisiertes Europa in diesen Krieg hineinzuziehen.

Abgesehen von den USA kommt hier Frankreich, England und Deutschland eine besondere Rolle zu. So spielt Macron als WEF- Schüler und Mitglied der Young Global Leaders sowie Partner der Rothschild-Bank schon seit 2024 mit dem Gedanken, eigene Soldaten in Form von Fremdenlegionären in diesen Krieg zu schicken – offiziell „getarnt" mit der Aufgabe der Friedenssicherung.

Keir Starmer hat als britischer Premierminister die westlichen Verbündeten zur Lieferung von Waffen mit großer Reichweite an die Ukraine aufgerufen, insbesondere, um das Land vor dem Winter militärisch zu stärken und gegen Russland zu unterstützen. Die britische Regierung hat bereits Lieferungen von Kriegsmaterial, wie den Storm Shadow-Marschflugkörpern (mit mittlerer und größerer Reichweite), an die Ukraine ermöglicht, und Starmer fordert ausdrücklich ein verstärktes Engagement für weitere Lieferungen dieser Waffentypen.

Und Friedrich Merz schwört, zusammen mit seinem unsäglichen Verteidigungsminister Pistorius, die deutsche Bevölkerung mit der Aussage, Deutschland müsse wieder kriegstüchtig werden, mit der Stationierung von Raketen mit entsprechender Reichweite, mit Werbekampagnen für die Deutsche Bundeswehr und der Umstellung der Produktion mancher Firmen auf Waffen und Kriegsgerät, auf einen drohenden Angriff Russlands ein. Dabei hat Russland Deutschland noch nie angegriffen (Deutschland bekanntlich Russland aber schon zwei Mal, und jedes Mal hat es, wie wir wissen, als Desaster geendet.)

Und natürlich dürfen wir die willfährige Marionette in Brüssel, Ursula von der Leyen, nicht vergessen, die die Frage nach einer etwaigen Kriegseinsatzbereitschaft ihrer Kinder mit einem Lächeln sinngemäß so beantwortet hat: Ja, sie wären bereit, wenn sie nicht Zivildienst gemacht hätten.

Ob all diese Entwicklungen den Strategen in Moskau und auch Präsident Putin – selbst bei Mobilisierung aller in Europa verfügbaren Kräfte und Waffen – den Angstschweiß auf die Stirne treibt, ist zu bezweifeln, brandgefährlich ist allerdings das politische Signal (für das man offensichtlich durchaus auch westliche Soldaten als Kanonenfutter zu opfern bereit ist): Europa bzw. die NATO soll aktive Kriegspartei werden, obwohl es der deutschen Bundeswehr durch das Grundgesetz genau genommen verboten ist, einen Angriff zu unterstützen, da die deutsche Armee ausschließlich zu Verteidigungszwecken eingesetzt werden darf. Das gleiche gilt übrigens für die, angesichts der globalen Machtverhältnisse eher als Repräsentationselement einzustufende, österreichische Armee. Allerdings ist hier auch noch die Neutralität im Verfassungsrang zu berücksichtigen, was aus meiner Sicht noch stärker dafür spricht, zu überprüfen, ob manche Äußerungen und Handlungen hochrangiger Politiker und sonstiger Entscheidungsträger nicht als Angriff auf die Verfassung (bzw. in Deutschland das Grundgesetz) zu werten wären – ja, in manchen Situationen sogar den Tatbestand des Hochverrates und in der Folge eventuell auch des Staatsterrors erfüllen.

Auf Grund dieser wahnsinnigen Aktionen müssen alle kriegsbefürwortenden Personen unmissverständlich und in aller Öffentlichkeit geächtet werden, wollen wir nicht Teil eines Dritten Weltkriegs werden.

Und wir sollten uns auch fragen: Warum wollen manche unbedingt Krieg führen? Liege ich denn so falsch, wenn ich hier die Vermutung äußere, dass Krieg eine äußerst willkommene Möglichkeit wäre, mit einem Schlag die Probleme der Coronazeit, das Wirtschaftsdesaster, die Korruptionsskandale, die angesichts der Staatsverschuldungen wohl unvermeidbare Hyperinflation, die Schäden der Maßnahmen einschließlich jener durch Injektionen, mit einem Schlag vom Tisch wischen zu können? Im Krieg, wenn jeder ums nackte Überleben kämpfen muss, Opfer betrauert oder damit beschäftigt ist, Nahestehende, so gut es nun einmal geht, zu beschützen, redet sicherlich niemand mehr von SMS-Skandalen der Ursula von der Leyen, unlauteren Maskendeals, die Vernichtung von Volksvermögen durch völlig sinnbefreite Massentestungen oder „Impfschäden" durch Spikestoffe: Krieg als Allheilmittel, als universeller Lösungsansatz. Ja, ich versteige mich sogar zu der Behauptung: Manche brauchen unbedingt einen Krieg, um ihren Kopf noch irgendwie aus der Schlinge zu bekommen.

Was macht trotzdem noch Hoffnung? Nun, hier sind wohl mehrere Aspekte wert, erwähnt zu werden: Zuallererst verfügt derzeit keines der genannten Länder über die militärische Schlagkraft, um Russland ernsthaft herausfordern zu können. Zweitens sollte jedem Realisten klar sein, dass Russland nur „mit dem Finger zu schnippen" braucht, um im Bedarfsfall Hilfe und Unterstützung aus der Liga der BRICS-Staaten, allen voran China und Indien, zu erhalten (und auch Nordkorea wäre sicherlich hilfsbereit). Drittens würde eine dann ja unvermeidbare „ALL IN"-Situation dafür sorgen, dass der „Westen" zwangsweise andere Bereiche vernachlässigen müsste. In der Folge wäre dann wohl davon auszugehen, dass sich China Taiwan ohne nennenswerten Widerstand zurückholen könnte. Und viertens (und hier kommt man trotz all der Tragik zwangsläufig ein wenig zum Schmunzeln): Der aktuelle Lieferstopp von Halbleitern und anderen Elektronikbauteilen seitens der Chinesen bringt nicht nur die Automobilindustrie, sondern auch die Produktion von Kriegsgerät zum Stocken.

Und auch wir haben die Möglichkeit einer weiteren Einflussnahme: So sollten wir, trotz zugegebenermaßen äußerst attraktiver Wertzuwächse, auf den Kauf von Aktien von Waffenproduzenten verzichten. Waffen sind nun einmal dazu da, andere zu verletzen oder zu töten. – Wollen wir damit wirklich Geld verdienen? Waffenproduzenten, Waffenhändler und Nutznießer von Waffengeschäften (ja, auch Aktienhändler und Vermögensberater, die auf solche Produkte setzen) gehören im Sinne einer gezielten Friedensstrategie öffentlich kenntlich gemacht und geächtet.

Gestatten Sie mir bitte ein paar abschließende Überlegungen:

Es wird Zeit zu erkennen, dass Krieg für uns als Bevölkerung keine Option ist, und das ist auch den meisten bewusst. Das traurige am Zeitgeist ist aber: Wer sich für Frieden einsetzt, wird sofort bezichtigt, Partei für eine (nämlich die „falsche“) Seite zu ergreifen, westliche Werte zu gefährden, gewaltsame Übergriffe auf andere Länder gutzuheißen und läuft Gefahr, als „…-Versteher“ oder „…-Freund“ etikettiert und damit auch diffamiert zu werden. IST DENN „FRIEDEN“ TATSÄCHLICH EIN SCHIMPFWORT GEWORDEN???

Offensichtlich sind wir als Menschheit im angehenden 3. Jahrtausend nach Christus, der sich übrigens zeitlebens für den Frieden eingesetzt hat, und trotz zumeist unstrittiger Verehrung von Friedenspionieren, wie Mahatma Ghandi, um nichts gescheiter geworden? Die Kriegstreiber bedienen sich meist fadenscheiniger Pseudoargumente, wie z.B. der Verteidigung westlicher Werte in einem der korruptesten Länder der Welt, verstecken sich feige im Hinterland, beschäftigen ihre engsten Verwandten z.T. in politischen Ämtern oder Positionen fern der direkten Gefahr und schicken, ohne mit der Wimper zu zucken, unzählige, meist junge Menschen in den sicheren Tod. Sind wir als Masse tatsächlich noch immer zu dumm, dieses abgekartete Spiel zu durchschauen?

Wir Menschen müssen endlich erkennen: Den Kriegstreibern geht es nicht um die benannten Motive, sondern nur um ihren eigenen Machterhalt bzw. Machtgewinn und um den damit verbundenen Zuwachs an Einfluss und Vermögen.

Dabei wäre es eigentlich so einfach, und diesen Vorschlag habe ich auch schon wiederholt bei unterschiedlichen Gelegenheiten geäußert: Man soll für das, was man vertritt, auch konsequent einstehen: Die sich für den Krieg aussprechen, sollen verpflichtet werden, selbst Waffen nehmen und mit all jenen ab an die Front ... die politisch machtversessenen Kriegstreiber am besten gleich in die erste Reihe. Meine Prognose: Jeder Krieg wäre – wenn er überhaupt zustande kommt – eine Sache weniger Tage.

Ich wiederum bin für Frieden, stehe auch öffentlich und offiziell dazu und setze mich gerne auch auf unbestimmte Zeit an einen Verhandlungstisch. Dafür würde ich mir sogar unbezahlten Urlaub nehmen, und alle anderen Friedenswilligen wären herzlich eingeladen, sich an der Entwicklung eines globalen Friedensplanes zu beteiligen.

Die meisten der hier angesprochenen Leute haben Krieg (Gott sei Dank) noch nicht am eigenen Leib verspüren müssen – und das soll auch so bleiben. Ich denke, wir alle können uns das Ausmaß des mit Krieg verbundenen Leids und Elends gar nicht vorstellen. Die Kriegsentscheidung wird immer von den „Oberen“ getroffen, und ausbaden muss es dann immer „das einfache Volk“. Oder wie Dr. Daniele Ganser, ein fachlich und menschlich herausragender Friedensforscher, es so genial wie eindrucksvoll schildert: Im Krieg treffen zumeist junge Menschen, die sich nicht kennen und grundsätzlich nichts gegeneinander haben, das erste Mal aufeinander und bringen einander um, während diejenigen, meist älteren Personen, die die Kriegsentscheidung treffen, einander schon lange kennen, untereinander verfeindet sind, wiederholt aufeinandertreffen und sich gegenseitig nicht umbringen.

Lassen wir uns nicht für blöd verkaufen. Lassen wir uns nicht instrumentalisieren. Und lassen wir uns nicht durch irrationale Argumente manipulieren und in der Folge ins Verderben schicken. Wir müssen den Wert und die Bedeutung des Wortes Frieden gemeinsam hochhalten und uns jedem Versuch einer Umdeutung unmissverständlich und vehement entgegenstellen. Wir dürfen also niemals zulassen, dass Frieden zu einem Schimpfwort umgedeutet wird!

Und wir müssen uns, sichtbar und spürbar, unüberhörbar und hartnäckig, durch Veranstaltungen, Friedensmärsche, Kommentare, Literatur und andere Kunstformen kompromisslos für Frieden einsetzen. Und ich möchte es auch nicht verabsäumen, an dieser Stelle auf Nenas Lied „99 Luftballons“ und auf das Lied von Reinhard Mey „Meine Söhne geb ich nicht“ (durchaus in der modernen Neuauflage) hinzuweisen. Hierzu noch ein kurzer Kommentar für die, die es noch nicht mitbekommen haben: SWR1 hat diesen Song von Reinhard Mey aus der Vorschlagsliste zur Hitparade entfernt – meine Empfehlung: nicht mehr SWR1 hören. Bis der Intendant zurückgetreten ist.

Wir sollten uns immer wieder bewusst machen: Um Krieg führen zu können, sind wir (z.T. massiv) auf fremde Hilfe angewiesen, sind also hochgradig abhängig. Frieden schaffen wir allein. Und hier schließt sich nun der Kreis: So wie Krieg und Krankheit unabdingbar aneinander gekoppelt sind, gilt dies auch für Frieden und Gesundheit. Und so darf ich in Analogie zur Gesundheit den Merksatz umformulieren: FRIEDEN ist NICHT ALLES, aber ohne FRIEDEN ist ALLES NICHTS!

AUTORENVERZEICHNIS

KERSTIN CHAVENT ist Autorin und Sprachlehrerin und lebt in Südfrankreich. Es war ihre Erfahrung mit Krebs, die sie zum Schreiben brachte. Ihre Themen sind der Umgang mit Krankheit, die Sensibilisierung für das schöpferische Potential sowie das erwachende Bewusstsein in einer Welt im Wandel. Sie schreibt regelmäßig für Manova, den Zeitpunkt und Unsere ZeitenWende. Zuletzt erschienen von ihr sind „Die wilde Göttin", „Der Königsweg" und „Die Enthüllung".

WOLFGANG EFFENBERGER, Jahrgang 1946, erhielt als Pionierhauptmann bei der Bundeswehr tiefere Einblicke in das von den USA vorbereitete „atomare Gefechtsfeld" in Europa. Nach zwölfjähriger Dienstzeit studierte er in München Politikwissenschaft sowie Höheres Lehramt (Bauwesen/Mathematik) und unterrichtete bis 2000 an der Fachschule für Bautechnik. Seitdem publiziert er zur jüngeren deutschen Geschichte und zur US-Geopolitik. Zuletzt erschienen vom ihm: „Schwarzbuch EU & NATO" (2020) sowie „Die unterschätzte Macht" (2022)

MAG. STEPHANIE GRÜNBERGER ist freie Journalistin, Autorin und freischaffende Künstlerin

PROF. DR. DR. MARTIN HADITSCH, Arzt und Biologe, Facharzt für Hygiene und Mikrobiologie (A), Facharzt für Mikrobiologie, Virologie und Infektionsepidemiologie (D), Facharzt für Infektiologie und Tropenmedizin (A). Ärztlicher Leiter des TravelMedCenter Leonding und der Labor Hannover MVZ GmbH. Anerkannter Experte, der sich auch u.a. im Zusammenhang mit den gesundheitlichen Auswirkungen der Corona-Maßnahmen international einen Namen machte. Zuletzt veröffentlichtes Sachbuch: „SPIKE – Impfung oder Genspritze. Biowaffe – Dauerschäden – Heilung.“

MICHAEL KARJALAINEN-DRÄGER, diplomierter Pädagoge und akad. Supervisor, ist als Entfaltungsbegleiter sowie als freischaffender Journalist & Publizist tätig. 2016–2021 war er Radiomacher im freien Wiener Radio Orange 94.0, 2021–2023 Mitglied der Redaktion der Plattform RESPEKT, 2023–2024 ehrenamtlicher Chefredakteur bei der unabhängigen Medienplattform Idealism Prevails. Aktuell schreibt er auf seinem Blog mkd.report[s],für das Online-Magazin fürs FreiSein Unsere ZeitenWende und für verschiedene unabhängige Medien.

DR. PETER KOLBA ist Pazifist, Jurist und Autor. Er war über 30 Jahre als Verbraucherschützer tätig. Im Jahr 2017 wurde er für sieben Monate Klubobmann der Liste Pilz im Nationalrat. Er ist Gründer des Verbraucherschutzvereines. Er hat Zivildienst gemacht und ist Mitglied der Arbeitsgemeinschaft für Wehrdienstverweigerung und Gewaltfreiheit (www.verweigert.at)

MAG. DANIELA LUPP hat Soziologie und Schriftstellerei inkl. Kinder- und Jugendliteratur studiert. Viele Jahre arbeitete sie für den Zukunftsforscher Matthias Horx. Sie ist Autorin und Chefredakteurin bei Unsere ZeitenWende sowie freie Künstlerin unter dem Label „Wunderblatt“.

MAG. ELISABETH MAYERWECK, geboren 1984 in Wien. Sie ist klinische Psychologin und arbeitet derzeit in freier Praxis in Oberwart im Südburgenland. Sie ist bekannt durch zahlreiche öffentliche Vorträge über die Phänomene der Massenpsychologie, Propaganda und die Methoden des autoritären Staates. Hauptanliegen ihrer Aufklärungsarbeit ist die Förderung der Autonomie und damit der Freiheit des Einzelnen.

DR. ANGELIKA MAYRHOFER-BATTLOGG, MSc, MBA, Sozialwissenschaftlerin, Redakteurin und Kommunikationsfachfrau mit breiter Expertise in politischer Presse- und Medienarbeit mit den Schwerpunkten Innenpolitik, Europapolitik und Kommunalpolitik.

TOM-OLIVER REGENAUER, Jahrgang 1978, war nach betriebswirtschaftlicher Ausbildung in verschiedenen Branchen und Rollen tätig, unter anderem als Betriebsleiter, Unternehmens- und Management-Berater sowie internationaler Projektmanager mit Einsätzen in über 20 Ländern. Seit Mitte der 90er-Jahre ist er zudem als Musikproduzent und Texter aktiv und betreibt ein unabhängiges Plattenlabel. Der in Deutschland geborene Autor lebt seit 2009 in der Schweiz und publiziert seit 2021 regelmäßig Essays und Bücher.

MAG. ORTWIN ROSNER ist Germanist, Philosoph und Autor

DIPL.- ING. DR. MARTIN J.F. STEINER, MSC ist Vater eines Sohnes, hat sein Grundstudium an der TU Wien über Energietechnik absolviert. Er ist Autor zweier Bücher (der „EU KLIMAWAHN“ und „BEREIT SEIN“), führt ein Ingenieurbüro und beschäftigt sich wissenschaftlich mit den Themen Energieautarkie, Klima und Schwarmintelligenz. Er ist zudem Sprecher des interdisziplinären und unabhängigen Forschungsteams ICR (Independent Climate Research ICR; https://www.icr2025.org). Seit Oktober 2025 ist er auch Vorstand der Union Souveränität (https://souveraenitaet.org/).

MAG. WALTER SCHÖNTHALER, geboren 1954 in Wiener Neustadt, wohnhaft in Wien, dreifacher Vater und

Großvater, Buchautor und Gastautor bei Manova, Libratus, Plattform RESPEKT, Unsere Zeitenwende, Gründer und Chefredakteur der Online-Plattform für den Mittelstand www.mittelstandsblog.blog, Vizepräsident der Union Souveränität, ehemaliger Vorstand und CEO von fünf bekannten österreichischen Markenartikelunternehmen, langjähriger Lektor, Dozent und Studiengangsleiter, Träger zahlreicher Marketingauszeichnungen und des Goldenen Ehrenzeichens des Landes Burgenland.

RAYMOND UNGER lebt als Autor und bildender Künstler in Berlin. Er ist als Kunstmaler im eigenen Atelier tätig, schreibt Romane und Sachbücher und hält Vorträge zu den Themen Kunst, Psychologie und Politik. In seiner Trilogie des Europa Verlages „Die Wiedergutmacher“ (2018), „Vom Verlust der Freiheit“ (2021) und „Die Heldenreise des Bürgers“ (2023) beschäftigt sich Unger mit der Mündigkeit moderner Gesellschaften. Sein Roman „KAI“ (2025) behandelt den Übergang einer Demokratie zur Technokratie.

ENDNOTEN

1 *swr.de: In eigener Sache zu „Nein, meine Söhne geb' ich nicht"; 31.10.25*
2 *Sir Peter Ustinov: Achtung! Vorurteile; Rowohlt Verlag, 2005*
3 *Inhaltlich stammt diese Aussage vom franz. Biologen und Schriftsteller Jean Rostand und lautete ursprünglich: „Töte einen Mann und du bist ein Mörder, töte Millionen von Männern und du bist ein Eroberer, töte sie alle und du bist ein Gott."*
4 *„Mir ist klar geworden, dass praktisch jeder Krieg in den vergangenen 50 Jahren die Folge von Medienlügen war. Die Medien hätten die Kriege verhindern können, wenn sie nur intensiv genug recherchiert hätten; wenn sie nicht einfach Regierungspropaganda abgedruckt hätten, die sie hätten stoppen können. Aber was bedeutet das? Das heißt nichts anderes, als dass die Menschen eigentlich keine Kriege wollen, sondern dass die Bevölkerung in Kriege hinein manipuliert wurde. Die Menschen ziehen nicht bereitwillig offenen Auges in einen Krieg. Wenn die Medien also gute Arbeit leisten, können wir eine friedliche Welt errichten." (Zitat Julian Assange aus: WikiLeaks revelations only tip of iceberg – Assange. , 02.05.2011)*
5 *Karl Kraus: Die Fackel 514-518/1919*
6 *Karl Kraus: Die letzten Tage der Menschheit; Jazzybee Verlag, 2017*
7 *1879–1955. Theoretischer Physiker und Nobelpreisträger*
8 *1856–1939. Arzt und Begründer der Psychoanalyse*
9 *Sigmund Freud: Zeitgemäßes über Krieg und Tod. Warum Krieg? – Der Briefwechsel mit Albert Einstein; Reclam, 2022*
10 *https://www.krebsinformationsdienst.de/forschung/krebszahlen*
11 *Kerstin Chavent : Die Waffen niederlegen. Die Botschaft der Krebszellen verstehen, Scorpio 2019*
12 *Kerstin Chavent: In guter Gesellschaft. Wie Mikroben unser Überleben sichern, Scorpio 2020*
13 *https://www.manova.news/artikel/feuersbrunst-der-unmenschlichkeit*
14 *Es ist an der Zeit : https://www.youtube.com/watch?v=SJnmZmy8IEU*
15 *Yuval Noah Harari : Eine kurze Geschichte der Menschheit, Pantheon-Verlag 2015*
16 *https://www.doriswolf.com/wp/vom-ur-matriarchat-zur-diktatur-des-patriarchats/*
17 *Kai Michel, Carel van Schaik : Die Wahrheit über Eva: Die Erfindung der Ungleichheit von Frauen und Männern, Rowohlt 2020*

18 *Kerstin Chavent: Die wilde Göttin. Der Lilith-Mythos als Weg der Versöhnung zwischen Mann und Frau, Scorpio 2025*

19 *Ingrid Rasselenberg : Ich bin einfach göttlich: Ein zahlenphysikalischer Leitfaden zur heilsamen Selbsterkenntnis, BoD 2020*

20 *Vielleicht hat diesen grundlegenden Zusammenhang zwischen der Verletzlichkeit und Sterblichkeit des Anderen und der Idee von Moral keine Philosophie so deutlich ausgedrückt wie die von Emmanuel Lévinas.*

21 *Man vergleiche dazu etwa folgende Passage in Günther Anders' 1964 verfasstem Text „Die Toten.* Rede über die drei Weltkriege", *in der er darlegt, dass das Ziel der kapitalistischen Produktionsweise letztlich immer die Zerstörung sein muss: „Die kapitalistische Produktion ist – das weiß jedes Kind – darauf angewiesen, ihre Erzeugnisse abzustoßen. Sie hat dafür zu sorgen, daß diese verkauft und verbraucht, kurz* liquidiert *werden. Liquidation, also der Ruin ihrer Produkte, ist das Ziel jeder Produktion. Wenn dieses Ziel nicht erreicht wird, wenn sich eine Menge unliquidierter Erzeugnisse aufstapelt, dann ist die Weiterproduktion, und damit auch der Profit, gefährdet." G. A.: Hiroshima ist überall. - München (1982) S. 369. Was nichts anderes bedeutet, als dass unserem Wirtschaftskreislauf als Ganzes immer schon eine selbstzerstörerische Tendenz, letztlich der Tod, innewohnt.*

22 *Auffällig ist, dass bereits antike Philosophen und Dichter (Pythagoras, Plutarch, Ovid) in der Jagd sowie im Schlachten und Essen von Tieren eine Ursache für den moralischen Verfall der Menschheit beziehungsweise eine Vorstufe von Krieg und Grausamkeit gesehen haben. Der Renaissance-Humanist Erasmus von Rotterdam schließt sich dieser Argumentation an: „Nachdem sie [die frühen Menschen] durch diese Proben im Töten geübt waren, konnte es im Zorn geschehen, daß ein Mensch einen Menschen mit einem Stock, Stein oder der Faust angriff. Wenn nämlich, kämpften sie damals noch mit diesen Waffen, vermute ich, und schon durch das Töten des Viehs lernten sie, daß man auch einen Menschen mit geringster Mühe vernichten könnte. […] Er [Pythagoras] sah das Zukünftige, daß wer gewohnt wäre, ohne Veranlassung das Blut des harmlosen Viehs zu vergießen, ebenso, vom Zorn erregt und durch ein Unrecht herausgefordert, sich nicht davor hüten würde, einen Menschen zu beseitigen." E. v. R.: „Süß scheint der Krieg den Unerfahrenen". Übers., kommentiert u. hrsg. von Brigitte Hannemann. - (München 1987.) S. 49/51. Sehr zur Lektüre sind die entsprechenden Seiten 105-106 von Hannemanns Kommentar zu empfehlen. Man beachte übrigens die Wortgleichheit: „Schlachten" (Tiere) –> „Schlacht" (Krieg unter Menschen). Die dem Tiermord kritisch gegenüber stehende philosophische Tradition, welche seit der Antike existiert, ist natürlich aktueller denn je in den heutigen Zeiten der Massentierhaltung. Deren Auswüchse sind das augenscheinlichste Symbol für das herrschende Verhältnis des Menschen zum Leben und überhaupt zu allen Dingen auf dem Planeten. Schätzungen zufolge werden pro Jahr allein in Deutschland ungefähr*

800 Millionen Tiere zu Nahrungsmittelzwecken getötet: https://veganivore.de/anzahl-schlachtungen/

23 *Wortwörtlich antwortet Albright: „We think, the price is worth it." – „Wir denken, der Preis ist es wert.": https://www.youtube.com/watch?v=xYXK7uh93Uo; abgerufen am 6.12.2014.*

24 *Die klassische Formulierung dieses ethischen Grundsatzes findet sich in Kants Schrift „Grundlegung zur Metaphysik der Sitten": „Handle so, daß du die Menschheit, sowohl in deiner Person, als in der Person eines jeden anderen, jederzeit zugleich als Zweck, niemals bloß als Mittel brauchest." I. K.: Kritik der praktischen Vernunft. Grundlegung zur Metaphysik der Sitten. Hrsg von Wilhelm Weischedel. - (Frankfurt a. M. 1974) (= I. K. Werkausgabe VII) (= stw. 56) S. 61. Albert Schweitzer formuliert denselben Gedanken nur in anderen Worten, wenn er davon spricht, „daß nie ein Mensch als Menschending den Verhältnissen geopfert werden soll." A. S.: Die Ehrfurcht vor dem Leben. Grundtexte aus fünf Jahrzehnten. Hsrg. von Hans Walter Bähr. - München (6.Aufl 1991) (= BsR 255) S. 52*

25 *Lesetipp: https://seniora.org/wunsch-nach-frieden/der-wunsch-nach-frieden/du-hast-grosse-lust-auf-krieg*

26 *Vgl. hierzu: https://www.spiegel.de/netzwelt/netzpolitik/ukraine-krieg-der-deutsche-lumpen-pazifismus-kolumne-a-77ea2788-e80f-4a51-838f-591843da8356*

27 *Vgl. Jörg Becker: Die Rolle von PR-Agenturen in Kriegen. – In: FriedensForum 3/2024 S. 40-42. (Das „Männlich", das er noch zusätzlich voranstellt, kann man hier allerdings meiner Ansicht nach getrost streichen: Spätestens seit dem Erscheinen von Figuren wie den deutschen Politikerinnen Annalena Baerbock und Marie-Agnes Strack-Zimmermann auf der Bildfläche sollte jene Spielform des Feminismus, die den Krieg als „männlich" tituliert und damit selbst sexistisch argumentiert, eigentlich ausgedient haben.) Auch lesenswert im selben Heft ist der Aufsatz „Medien als Vierte Gewalt" von Sabine Schiffer (S. 44-46) sowie von derselben Autorin: Das Narrativ von den Guten und den Bösen. – In: Hannes Hofbauer u. Stefan Kraft (Hrsg): Kriegsfolgen. Wie der Kampf um die Ukraine die Welt verändert. - (Wien 2023.) S. 223-236. Besonders kann ich aber zur Einführung in das Thema folgende Bücher empfehlen: Mira Beham: Kriegstrommeln. Medien, Krieg und Politik. - (München 1996) (= dtv 30531); Jörg Becker u. Mira Beham: Operation Balkan: Werbung für Krieg und Tod. 2. Auflage. - (Baden-Baden 2008); Jens Wernicke: Lügen die Medien? Propaganda, Rudeljournalismus und der Kampf um die öffentliche Meinung. - (Frankfurt a. M. 2017.) Wer einen raschen, einfach lesbaren Überblick über die westliche Kriegspropaganda der vergangenen Jahrzehnte erhalten will, dem ist mit diesem EMMA-Artikel gedient: https://www.emma.de/artikel/so-verlor-ich-den-glauben-die-etablierten-medien-340467*

28 *Vgl. Lügen die Medien S. 163*

29 *Hiroshima S. 365*

30 *Immer wieder bekundet G. A. seine Abscheu vor bloß statistischen Betrachtungen. Er spricht von der „Verwandlung von Ereignissen in tabellarische Daten" und fügt hinzu: „Das adrette und verläßliche Gesicht der statistischen Aufstellung macht die rauchenden Trümmer hygienisch und desinfiziert die radioverseuchten Kadaver." (Hiroshima S. 135) An anderer Stelle empört er sich über die anscheinend damals in Militärstrategenkreisen angewandte Praxis, in ihren Vernichtungsprognosen hundert Millionen Tote mittels einer Sprachregelung einfach in „hundert megacorpses" umzubenennen, so wie man von Tonnen von Heringen spricht. (Vgl. Hiroshima S. 368)*

31 *Vgl. Hiroshima S. 22 und S. 211*

32 *Vgl. Hiroshima S. 152-173*

33 *Man erinnert sich vielleicht an den alten Slogan der McCarthy-Zeit:* Better dead than red *(dt. Version:* Besser tot als rot*). In G. As Tagebuchaufzeichnung des Gesprächs mit dem Antikommunisten kehrt er in Form einer „Fallen-Frage" (so nennt G. A. sie) wieder: „*Rather red than dead?*" (Vgl. Hiroshima. S. 165). Wie wir wissen, ist die Furcht vor dem Kommunismus heutzutage durch die Angst vor der „Gefahr von rechts" ersetzt worden. Das Schema bleibt das gleiche.*

34 *Hiroshima S. 166*

35 *Hörtipp: https://www.youtube.com/watch?v=nNkDP93E5JI*

36 *Schon bei Kant klingt jedoch diese Problematik an, schon bei ihm gibt es eine Warnung vor dem Maschinenmenschentum. Dahingehend sieht er in der Institution des „stehenden Heeres" eine Bedrohung, die abgeschafft gehört: „[…] wozu kommt, daß zum Töten oder getötet zu werden in Sold genommen zu sein, einen Gebrauch von Menschen als bloßen Maschinen und Werkzeugen in der Hand eines andern (des Staats) zu enthalten scheint, der sich nicht wohl mit dem Rechte der Menschheit in unserer eigenen Person vereinigen läßt." I. K.: Zum ewigen Frieden. Ein philosophischer Entwurf. Hrsg. von Rudolf Malter. - (Stuttgart 2024) (= RUB 14382) S. 8.*

37 *Vgl. dazu auch die folgende Aussage von Eugen Drewermann: „Sähen wir, was man uns befiehlt zu tun, wir würden es nicht tun." Er gibt den Bericht eines Bomber-Piloten der Royal Air Force im zweiten Weltkrieg wieder: „Es lag unter uns wie ein schwarzes Band aus Samt, bestickt mit Perlen. Aber wir wussten, dass das, was wir dort unten anrichten, schlimmer ist als Dantes Inferno. Aber wir sahen ja nur Brände, wir sahen ja keine Menschen. Sonst hätten wir das nicht tun können." (E. D.: Ohne NATO leben – Ideen zum Frieden. – In: Kriegsfolgen S. 161/162.)*

38 *Vgl. https://taz.de/Prinz-Harry-ueber-Tod-von-Taliban/!5904740/*

39 *Vgl. hierzu: G. A.: Off limits für das Gewissen.* Der Briefwechsel zwischen dem Hiroshima-Piloten Claude Eatherly und Günther Anders (1959-1961). Mit einem Vorwort von Bertrand Russell und einer Einleitung von Robert Jungk. *– In: Hiroshima S. 191-360. G. A. selbst setzt Eatherly in Kontrast zum zur Reue unfähigen SS-Mann Adolf Eichmann, der sich bis zuletzt auf die Position zurückzog, ihn*

treffe keine persönliche Schuld an seinen Taten, weil er nur Befehlen gehorcht habe. (Vgl. Hiroshima S. 345-347)

40 *Eine Aussage von Claude Eathlery selbst dazu: „Die Wahrheit ist, daß die Gesellschaft die Tatsache meiner Schuld einfach* nicht *annehmen* kann, *ohne damit gleichzeitig ihre eigene viel tiefere Schuld anzuerkennen." (Hiroshima S. 244)*

41 *Ehrfurcht S. 49/50.*

42 *Warum G. A. diesen Einwand nicht formuliert, liegt auf der Hand: In seiner Gedankenwelt geht es um die Gefahr der Auslöschung der gesamten Menschheit durch einen Atomkrieg. Darum ist sein Einwand an dieser Stelle ein anderer: nämlich dass somit gar keine Zwecke denkbar sind, für die so ein Krieg überhaupt geführt werden könnte. (Gegenüber dem oben bereits erwähnten Antikommunisten im Flugzeug drückt er diesen Gedanken in Form eines Einspruchs gegen die Behauptung aus, „daß es überhaupt Ziele geben* könnte, *die der gleichen Größenordnung angehören wie das ‚totale Mittel'. […] weil die Verwendung des Mittels die Möglichkeiten weiterer Zielsetzungen überhaupt auslöschen würde" Hiroshima S. 167) In diesem Bild würde freilich auch eine Albright den „Preis" bezahlen, weil darin am Ende niemand entkäme. Obwohl die Gefahr eines solchen Atomkriegs näher ist als je zuvor, wird sie im aktuellen öffentlichen Diskurs gleichzeitig auch weniger ernst genommen denn je zuvor, und es gehen deswegen heutzutage auch weit weniger Menschen auf die Straße, als in den 80er-Jahren für Abrüstung demonstriert haben. Eine Merkwürdigkeit. In jenen Kreisen ranghoher Militärstrategen wiederum, die über die Gefahr eines drohenden nuklearen Gefechts durchaus Bescheid wissen, will man an seine totalen Folgen nicht glauben und überlegt, wie man auch danach an der Macht bleiben könnte: https://www.telepolis.de/features/Im-Fall-eines-Atomkrieges-USA-wollen-auch-danach-Weltmacht-bleiben-10175072.html. Wenn wir aber, wie G.A., davon ausgehen, dass ein Atomkrieg mit der Auslöschung der gesamten Menschheit gleichzusetzen wäre, dann können wir seinen Gedankengang in unseren eigenen im nächsten Abschnitt ausgeführten Gedankengang des in unserer Welt universal gewordenen Tauschakts folgendermaßen übersetzen: Wenn die Welt einmal als Ganzes zur Ware, zum Tauschobjekt, gemacht und damit der Vernichtung preisgegeben worden ist wie jedes andere Tauschopfer auch,* wogegen *könnte sie man dabei denn tauschen? Nichts anderes bleibt dafür mehr über. Offenkundig ist es widersinnig und absurd, an einen solchen Tausch auch nur zu denken.*

43 *„Nochmals, der Fall Eatherly ist nicht überholt, er ist vielmehr Inbegriff und Verkörperung des Gewissens in einer Welt, deren Millionen damit eingelullt werden, daß man ihnen weismacht und sie auch selber glauben, die Folgen ihrer Handlungen seien nicht ihre Sache – sie handelten nicht, sondern ‚arbeiteten' nur, und ihre Arbeit, ganz gleich, was sie bezwecke, welche Ziele sie verfolge und welche unmittelbaren oder mittelbaren Ergebnisse sie habe, stinke*

nicht, ‚non olet'. Eatherly hat dieser Versuchung widerstanden […]" (Hiroshima S. 359)

44 *Hiroshima S. 365*

45 *Hiroshima S. 296 Fußnote 4.*

46 *Hiroshima S. 346. Es gibt ähnliche Gedankengänge bei A. S., der jedoch von einem Konflikt zwischen „überpersönlicher" und „persönlicher" Verantwortung spricht. Für ihn ist es keine Frage, auf welcher von beiden Seiten die wahre Ethik steht; und er warnt davor, „seiner überpersönlichen Verantwortung etwas von seiner Menschlichkeit [zu] opfern" (Ehrfurcht S. 41). „Zu sehr handeln wir, von dem Kleinsten an, der im kleinsten Betrieb etwas ist, bis zum politischen Machthaber hinauf, der Krieg und Frieden in der Hand hält, als Menschen, die es ohne Anstrengung fertigbringen, gegebenen Falles nicht mehr Menschen, sondern nur noch Vollstrecker allgemeiner Interessen zu sein." (Ehrfurcht S. 44/45)*

47 *G. A. gebraucht diesen speziellen Ausdruck, falls ich ihn nicht übersehen habe, nicht unmittelbar in den Hiroshima-Schriften (wiewohl ich in der 1982 verfassten Einleitung die Aussage finde, dass „[d]ie Großtechnik uns Menschen verdinglicht" Hiroshima S. XXXII), dafür handelt es sich aber um einen zentral diskutierten Begriff des Kapitels „Über prometheische Scham" im ersten Band seiner „Antiquiertheit": G. A.: Die Antiquiertheit des Menschen. Band 1. Über die Seele im Zeitalter der zweiten industriellen Revolution. – (München 1992.) (= B&R 319) S. 21-95. Die eigentliche Pointe für Anders besteht dort freilich nicht im altbekannten (wiewohl heutzutage in Vergessenheit geratenen) Befund der „Verdinglichung" des Menschen, sondern darin, dass dieser, auf einer höheren Ebene, „seine* eigene Verdinglichung bejaht, *bzw. sein Nichtverdinglichtsein als Manko verwirft", also eine Scham verspüre, die „*Scham, kein Ding zu sein" *(Antiquiertheit S. 30).*

48 *„Alle sind wir mehr oder weniger in Gefahr, Menschendinge statt Persönlichkeiten zu werden", formuliert es A.S. (Ehrfurcht S. 50).*

49 *Hiroshima. S. 199.*

50 *Hiroshima S. 196*

51 *Hiroshima S. 199*

52 *M. H. u. Th. W. A.: Dialektik der Aufklärung. Philosophische Fragmente. – (Frankfurt a. M. Mai 1991) (= Fischer Wissenschaft 7404)*

53 *Hiroshima S. XVIII*

54 *A. S. formuliert es beispielsweise so: „Alle Fortschritte des Wissens und Könnens wirken sich zuletzt verhängnisvoll aus, wenn wir nicht durch entsprechenden Fortschritt unsere Geistigkeit Gewalt über sie behalten. Durch die Macht, die wir über die Kräfte der Natur gewinnen, bekommen wir auch in unheimlicher Weise als Menschen über Menschen Gewalt. Mit dem Besitz von hundert Maschinen ist für einen Menschen oder eine Genossenschaft die Herrschaft über alle, die diese Maschinen bedienen, gegeben. Durch eine neue Erfindung wird es möglich, daß ein Mensch mit einer Bewegung nicht mehr hundert,*

sondern zehntausend Menschen tötet." (Ehrfurcht S. 54)

55 *Kriegsfolgen S. 166*

56 *Hiroshima S. 360*

57 *https://www.hdg.de/lemo/bestand/objekt/plakat-wir-haben-die-erde-von-unseren-kindern-nur-geborgt.html*

58 *Angedeutet ist eine solch grundlegend andere Ethik vielleicht in Michael Endes Theaterstück „Das Gauklermärchen", etwa dort, wo der der Clown Jojo zur Spinne Angramain folgende Sätze sagt: „Die Liebe, sagst du, gibt es nicht, / Nicht Freiheit, noch das schöpferische Spiel? / Wen wundert es, daß Angramain so spricht, / Die nur sich selbst als Zweck erkennt und Ziel! / Denn dem allein sind diese drei gegeben, / Der es vermag, ganz absichtslos zu handeln." M. E.: Das Gauklermärchen. Ein Spiel in sieben Bildern sowie einem Vor- und Nachspiel. – (München 1995; 6. Aufl.) (= dtv 10903) S. 98/99. Das Entscheidende an diesen Zeilen ist die* Absage an die Zweck-Mittel-Rationalität. *Das heißt natürlich noch nicht, dass das freie* ästhetische *Spiel, welches der Neo-Romantiker hier im Sinne hat, für sich allein ein ausreichendes Fundament einer* Ethik *darstellte. Jedoch liefert es ein Modell dafür, welches Schweitzers Idee der grundlegenden „Ehrfurcht vor dem Leben" nahekommt. In diesen Kontext kann man auch Adornos Aussage einfügen, die „Gesellschaft in ihrer gegenwärtigen Gestalt" beruhe „auf der Verfolgung des je eigenen Interesses gegen die Interessen aller anderen" (Th. W. Adorno: Erziehung nach Auschwitz – In: Theodor W. Adorno: Erziehung zur Mündigkeit. Vorträge und Gespräche mit Hellmut Becker 1959-1969. Hrsg v Gerd Kadelbach. – (Frankfurt 2017 26. Aufl.) (= st 11) S. 88-104, S. 101). Und er fügt hinzu: „Jeder Mensch heute, ohne jede Ausnahme, fühlt sich zuwenig geliebt, weil jeder zuwenig lieben kann. [...] Das Schweigen unter dem Terror war nur dessen Konsequenz." Als Gegenmittel hält freilich auch Adorno keine fertige Ethik bereit, sondern lediglich ein widerständiges Moment; es handelt sich dabei nicht um Schweitzers „Ehrfurcht vor dem Leben", auch nicht um Endes Glauben an das befreiende „schöpferische Spiel", sondern um einen anti-kollektivistischen Impuls: „Die einzig wahrhafte Kraft gegen das Prinzip von Auschwitz wäre Autonomie, wenn ich den Kantischen Ausdruck verwenden darf; die Kraft zur Reflexion, zur Selbstbestimmung, zum Nicht-Mitmachen". (S. 93)*

59 *Vgl. hierzu: https://www.youtube.com/watch?v=42_GuXIjlWs*

60 *Aus demselben Grund ist es problematisch, wenn der einzige Einwand, den man gegen die Sanktionen gegen Russland vorzubringen hat, darin besteht, dass sie „unserer Wirtschaft" und „unserer Industrie" schaden: https://x.com/SWagenknecht/status/1572505280130478080. Aus all diesen Argumenten spricht keine wirkliche Ethik, sondern die immer gleiche Logik der instrumentellen Vernunft, mit der man alles und jedes rechtfertigen kann, wenn es nur einem selbst nützlich erscheint, und darum ist ihre Wendung gegen den Krieg zufällig und nicht prinzipiell. In Rechnung zu ziehen*

ist natürlich, dass es sich hier möglicherweise um strategische Aussagen Wagenknechts handelt, welche dazu dienen sollen, die Menschen für den Frieden zu gewinnen, indem man sie bei ihrem Egoismus packt. Hier befindet man sich auch weniger in Gefahr, als Freund des Feindes gebrandmarkt zu werden.

61 *Zum ewigen Frieden S. 57. Ähnliche, vielleicht von seiner Kant-Lektüre gespeiste, Gedankengänge findet man bei A.S., welcher vor dem Glauben warnt, „das Ethische durch das Zweckmäßige außer Kraft setzen zu dürfen" (Ehrfurcht S. 42).*

62 *Obwohl er beispielsweise von „Meinungsfabriken" (Hiroshima S. 372) spricht. Jörg Becker meint gar: „Eine kritische Linke hat in ihren ökonomischen Analysen des Kapitalismus stets die ihn tragende Rolle von Werbung und Medien ausgeblendet" (FriedensForum 3/2024 S. 42), – ein Urteil, das sicher zu pauschal ist, und er selbst nennt darauf hin gleich Gegenbeispiele. In der Tendenz aber deckt sich das mit meinen Beobachtungen. Allerdings muss man hinzufügen, dass diese Unterschätzung der Mechanismen von PR, Medien und Werbung, kurz von Propaganda, sicherlich kein Alleinstellungsmerkmal der linken Tradition ist, sondern dass sie grundsätzlich einmal die Angehörigen aller politischen Lager betrifft. Sonst hätte sie ja nicht funktionieren können. Neuerdings kann man von einer solchen allgemeinen Unterschätzung wohl nicht mehr sprechen, dafür gilt der Grundsatz: Propaganda verbreitet nur die andere Seite, wir nicht. Bzw.: Auf Propaganda reinzufallen, so dumm sind nur andere, ich selbst aber bin immun dagegen.*

63 *Das hat schon Erasmus erkannt: „Alsdann bemänteln wir unsere Krankheit mit ehrenvollen Titeln. Ich trachte nach dem Reichtum der Türken und spanne die Verteidigung der Religion vor. Ich diene der Ehrsucht, folge dem Zorn, wilde und zügellose Leidenschaft reißt mich fort, und ich gebe als Grund einen gebrochenen Vertrag, ein verletztes Freundschaftsbündnis, das Übergehen ich weiß nicht welches von den Punkten eines Verlobungstrakts oder etwas ähnliches an." („Süß scheint der Krieg den Unerfahrenen" S. 82)*

64 *Es handelt sich um das, was ich oben als „Bewusstseinsindustrie" bezeichnet habe. Deren Grundlagen sind aber älter und tiefer in unserer Kultur verwurzelt, als es den ersten Anschein hat; nämlich in einem rigiden Nützlichkeitsdenken, das, anfangs bloß für das Bürgertum und dann insbesondere auch für das Kleinbürgertum charakteristisch, inzwischen total geworden ist und die gesamte Gesellschaft erfasst hat. Seinem Ausdruck begegnete ich schon als Gymnasiast in Gestalt von Leuten, welche mir erklärten, Latein brauche man nur als Pfarrer, oder mich belehrten, mit Homer könne man kein Haus erbauen. Der Umbau der Universitäten von Stätten umfassender Bildung, in denen die Kenntnis der geistigen Traditionen des Abendlandes am Leben gehalten wurde, zu Stätten der den Anforderungen der Wirtschaft gefügigen Ausbildungsorganen bzw. deren Ersetzung durch Fachhochschulen sind ein jüngeres Symptom davon. Das Ziel*

ist nicht mehr die Bildung als Wert an und für sich, denn auch sie ist nur mehr ein Tauschobjekt, etwas, von dem man sich eigentlich etwas anderes erwartet: nämlich die Karriere. Bedenklich zumal, wie sehr diese Entwicklung sogar die sogenannten – falls überhaupt noch vorhandenen – Geisteswissenschaften erfasst hat: Als ich mich vor ein paar Jahren darüber erstaunt zeigte, dass ein Soziologie-Absolvent nicht einmal wusste, wer oder was Tolstoi gewesen war, entwaffnete er mich mit der ganz einfachen Erwiderung: „Wozu braucht man das?"

65 *Ich bin mir nicht sicher, ob er das irgendwo wörtlich so gesagt hat, aber ich denke, dass man das als eine Quintessenz seiner verschiedenen Schriften über die „Kulturindustrie" ansehen kann.*

66 *G. D. u. F. G.: Anti-Ödipus. Kapitalismus und Schizophrenie I. Übersetzt von Bernd Schwibs. – (Frankfurt a. M. 8.Aufl. 1997) (=stw 224)*

67 *„Andererseits steckt im gegenwärtigen Verhältnis zur Technik etwas Übertriebenes, Irrationales, Pathogenes. Das hängt zusammen mit dem ‚technologischen Schleier'. Die Menschen sind geneigt, die Technik für die Sache selbst, für Selbstzweck, für eine Kraft eigenen Wesens zu halten und darüber zu vergessen, dass sie der verlängerte Arm des Menschen ist. Die Mittel – und Technik ist ein Inbegriff von Mitteln zur Selbsterhaltung der Gattung Mensch – werden fetischisiert, weil die Zwecke – ein menschenwürdiges Leben – verdeckt und vom allgemeinen Bewußtsein der Menschen abgeschnitten sind. […] Keineswegs weiß man bestimmt, […], wo die Schwelle ist zwischen einem rationalen Verhältnis zu ihr und jener Überbewertung, die schließlich dazu führt, daß einer, der ein Zugsystem ausklügelt, das die Opfer möglichst schnell und reibungslos nach Auschwitz bringt, darüber vergißt, was in Auschwitz mit ihnen geschieht." (Erziehung nach Auschwitz S. 99/100)*

68 *Vgl. dazu: https://www.infosperber.ch/gesundheit/medizin/hirntoten-menschen-tierorgane-transplantiert/*

69 *So der treffende Titel eines Thrillers, der das Thema aufgreift: https://bastei-luebbe.de/Buecher/Krimis-Thriller/Die-Abschaffung-des-Todes/9783757700515*

70 *Vgl. dazu: https://www.infosperber.ch/gesellschaft/trump-kam-mit-hilfe-von-transhumanisten-an-die-macht/*

71 *Aber auch auf dieses Problem hat die Marktwirtschaft bereits eine Antwort gefunden. Für alle, die in ihrem Leben keinen Sinn mehr finden, beginnt sich sogar die Verwandlung des Selbstmords in einen Industriezweig, in eine Ware, abzuzeichnen: https://www.swissinfo.ch/ger/wissen-technik/suizidkapsel-hofft-in-der-schweiz-fuss-zu-fassen/47156258*

72 *Personenbezogene Bezeichnungen beziehen sich in gleicher Weise auf Frauen und Männer. Wird zugunsten der leichteren Lesbarkeit lediglich die weibliche oder männliche Ausdrucksform verwendet, schließt dies das jeweils andere Geschlecht mit ein – sodass auf durchgängiges Gendern verzichtet wird.*

73 Die journalistische Berufsethik umfasst mehr als „nur" die Verpflichtung zu sorgfältiger Berichterstattung. Auch Prinzipien der Objektivität, Wahrhaftigkeit, Achtung der Menschenwürde und der Persönlichkeitsrechte sind u.a. implizite Bestandteile der sehr hohen Ansprüche an die Berufsethik.

74 Reinhold Mitterlehner, bis 2017 Vorgänger von Sebastian Kurz als ÖVP-Obmann.

75 Brüstle Aaron, Ö24, 22.6.2025

76 Danaer-Geschenk ist eine Gabe, die sich für den Empfänger als unheilvoll und schädlich erweist; ein Begriff, der auf die griechische Sage um den Trojanischen Krieg zurückgeht und die Kriegslist der „Danaer" im Zusammenhang mit der Belagerung Trojas veranschaulicht.

77 Setzt sich u.a. aus Mitgliedern des Verbandes Österreichischer Zeitungsherausgeber, der Journalistengewerkschaft, des Vereines der Chefredakteure zusammen.

78 Der Presseklub Concordia sollte u.a den Journalismus fördern als Säule der Demokratie, Schutz von Journalistinnen und Journalisten vor Zensur und Einschüchterung.

79 OE24 gehört der Mediengruppe Österreich. Besitzer sind die Journalisten Wolfgang und Helmuth Fellner.

80 eXXpress befindet sich mehrheitlich im Besitz der Unternehmerin Eva Schütz.

81 Wer nun tatsächlich als erfolgreichste deutschsprachige Zeitung gilt, lässt sich nicht so leicht ohne einheitlichen Kriterienkatalog feststellen – weil u.a. unterschiedliche (digitale) Kanäle zur Berechnung von Reichweiten herangezogen werden. Dass die Krone, unabhängig von Berechnungsdetails ein überdurchschnittlich erfolgreiches Printmedium ist, beweisen die vorliegenden Zahlen aber deutlich.

82 Laut Volker Piesczek, eXXpress: Die USA fördern Medien mit rund 500 Mio. Dollar, Österreich mit 1,3 Milliarden Euro. Umgerechnet auf die Einwohnerzahl – in Ö. derzeit rund 9,2 Millionen, in den USA rund 343 Millionen – ergibt das rund 1,30 Dollar in den USA und rund 142 Euro in Österreich – pro Person.

83 Legacy-Medien – traditionelle Medien wie Zeitungen, Fernsehen, Radio, Filmstudios. Sie beruhen weitgehend auf einem Ein-Wege-Kommunikationsmodell basieren und vielfach auf Interaktionen, Diskussionsformate etc. verzichten. Sie bieten Inhalte auch online u.a. über Websites, Streaming-Dienste oder Apps an. Man spricht von „Legacy-Medien" zur Abgrenzung gegenüber „neuen Medien" oder „Digital-Medien", die durch das Internet und soziale Plattformen entstanden sind.

84 Bundespräsident Van der Bellen attackierte 2022 in seiner Festspielrede in Salzburg alle, die die Russland-Sanktionen als problematisch empfinden oder ablehnen und bezichtigt sie indirekt als Kollaborateure der verräterischen Zusammenarbeit mit dem Landesfeind.

85 Die damalige „Verfassungsministerin" und jetzige Landeshauptfrau von Salzburg, Mag. Karoline Edtstadler, im Dezember 2022 in einem

Puls 24-Interview.

86 *Verteidigungsministerin Klaudia Tanner u.a. in der ORF-Pressestunde (Oktober 2025).*

87 *Bild-Aufmacher der Kronen Zeitung, 21. März 2025. Wer immer sich, falls überhaupt, schuldig gemacht hat, ein 16 Jahre dauerndes Verfahren ist unmenschlich und in einem demokratischen Land eine Folter der besonders perfiden Art.*

88 *Kurz-Angstmache hat ihren Zweck erfüllt. Eric Frey im Der Standard, 27. April 2020 zur Aussage von Bundeskanzler Kurz: "Bald wird jeder von uns jemanden kennen, der an Corona gestorben ist".*

89 *Film: Wall Street. USA. 1987. Regie, Drehbuch: Oliver Stone. „Greed is good. (...) Greed (...) will save the other malfunctioning cooperation called the USA."*

90 *Vgl. dazu: Ulrich Mies. Demokratie als Fiktion – Oligarchenherrschaft als Realität In Fassaden-Demokratie und tiefer Staat. Hg. Ulrich Mies und Jens Wernicke. Promedia. Wien. 2021. S.64.*

91 *Vgl. dazu: BlackRock CEO Larry Fink: Infrastructure will be the largest growing sector in private capital. URL: https://www.youtube.com/watch?v=A2OszEjl_-8. Zugriff: 10.08.2025.*

92 *URL: https://de.wikipedia.org/wiki/BlackRock. Zugriff: 15.08.2025.*

93 *Vgl. dazu: Lennard Klindworth. Rekord – Allein die Top-10 kontrollieren rund 46 Billionen Euro. 16. Juni 2025. URL: https://www.private-banking-magazin.de/blackrock-pimco-fidelity-rekord-allein-die-top-10-asset-manager/ . „Das verwaltete Vermögen steigt auf 129 Billionen Euro [Anm.: dies entspricht 129 Trillionen USD]. Welche neun Unternehmen hinter Branchenprimus BlackRock ganz oben stehen. (...) Das Wachstum betrug damit von 2023 zum vergangenen Jahr 16,2 Prozent. (...) Auf den weiteren Plätzen folgen: Vanguard Asset Management, Fidelity Investments, State Street Global Advisors, JP Morgan Asset Management [Anm.: Gewann durch seine zentrale Rolle in der Finanzierung des Ersten Weltkrieges an Macht und Einfluss. J.P. Morgan wickelte beispielsweise sämtliche Munitionsverkäufe der USA an Großbritannien ab – vgl. dazu Daniele Ganser. Imperium USA. Die skrupellose Weltmacht. Fifty-fifty Verlag. Frankfurt/Main. 2022. S.123] und Goldman Sachs." Zugriff: 15.08.2025.*

94 *URL: https://de.wikipedia.org/wiki/Laurence_Douglas_Fink. Zugriff: 16.08.2025.*

95 *Ebd.: Laurence „Larry" Douglas Fink ist Gründer, Aufsichtsratsvorsitzender und Vorstandsvorsitzender der weltgrößten Vermögensverwaltung BlackRock und gemeinsam mit Bill Clinton Mitglied der Studentenverbindung Phi Beta Kappa. Vgl. dazu: URL: https://de.wikipedia.org/wiki/Phi_Beta_Kappa. Zugriff: 16.08.2025.*

96 *Vgl. dazu: Werner Rügemer. BlackRock im Kanzleramt? In Nachdenkseiten. 13. Februar 2025.*
URL: https://www.nachdenkseiten.de/?p=128643. Zugriff: 14.08.2025.

97 *Eckhard Jesse, Uwe Wagschal. Der Wahlkrimi ist noch nicht aus. FAZ. 3. September 2025. „Eine bundesweite Neuauszählung ist an-*

gesichts des knappen Ausgangs und vieler Ungereimtheiten nicht nur sinnvoll, sondern auch dringend geboten." URL: https://zeitung.faz.net/faz/geisteswissenschaften/2025-09-03/der-wahlkrimi-ist-noch-nicht-aus/1203906.html. Zugriff: 07.09.2025.

98 *Big Pharma und alle wirtschaftlichen Sektoren des MANBRIC-Komplexes. Vgl. dazu: Leonid, Anton Grinin, Andrey Korotayev. The MANBRIC-Technologies in the Forthcoming Technological Revolution. 2017: MANBRIC-technologies (i.e. medical, additive, nano-, bio-, robo-, info-, and cognitive technologies)." URL: https://www.researchgate.net/publication/314121268_The_MANBRIC-Technologies_in_the_Forthcoming_Technological_Revolution. Zugriff: 18.08.2025. Vgl. dazu: in Hannes Hofbauer. Zensur. Publikationsverbote im Spiegel der Geschichte vom kirchlichen Index zur YouTube-Löschung. Promedia. 2022. Wien. S.199.*

99 *Vgl. dazu: Werner Meixner. Der digitale Imperialismus. RUBIKON. 2018. S.1: Die neodigitale Revolution liefert die technischen Voraussetzungen für die Abschaffung der Bürgerrechte, Freiheit und Demokratie. „Die Menschen sind durch Bequemlichkeit korrumpiert und glauben, dass Widerstand gegen die übermächtigen Konzerne nicht möglich ist. Und wie sollte ein Mensch seine eigenen Interessen wahrnehmen können, wenn er bis in die Ursprünge seiner Gedanken von einer mächtigen wirtschaftlichen Konkurrenz ausspioniert wird?"*

100 *Vgl. dazu: Werner Rügemer. A.a.O.*

101 *Vgl. dazu: Stefan Kasper-Behrs. Wer hat die Macht in den deutschen Medien? 17. März 2022. URL: https://finanzmarktwelt.de/wer-hat-die-macht-in-den-deutschen-medien-228720/ Zugriff: 02.08.2025.*

102 *Vgl. dazu: BlackRock, Inc. Expands Stake in KKR & Co Inc with Significant Share Acquisition. 4. Februar 2025. URL: https://www.gurufocus.com/news/2681008/blackrock-inc-expands-stake-in-kkr-co-inc-with-significant-share-acquisition. Zugriff: 01.08.2025.*

103 *Stefan Kasper-Behrs. A.a.O.: Zudem ist Serchuk auch in der Denkfabrik Center for a New American Security tätig. Vgl. dazu: URL: https://www.cnas.org/people/vance-serchuk. Zugriff: 10.09.2025.*

104 *Vgl. dazu: Mike Lofgren. Kernelemente des Tiefen Staates der USA. A.a.O. S.101.*

105 *Vgl. dazu: Daniele Ganser. Imperium USA. Die skrupellose Weltmacht. A.a.O. S.19ff.*

106 *Vgl. dazu: Daniele Ganser. Illegale Kriege. Wie die NATO-Länder die UNO sabotieren. Eine Chronik von Kuba bis Syrien. Westend Verlag. Frankfurt/Main. 2023. S.328.*

107 *Vgl. dazu: Werner Rügemer. A.a.O.*

108 *Dieses Zitat wird auch Napoleon I. Bonaparte (1769 – 1821) zugeschrieben. URL: https://www.aphorismen.de/zitat/20144. Zugriff: 17.08.2025.*

109 *Vgl. dazu: Stephan Schulmeister. Mitten in der großen Krise – Ein ‚New Deal' für Europa. Wiener Vorlesungen. Edition Gesellschafts-*

kritik. Band 7. Picus Verlag. Wien. 2010. S.14.

110 *Martin Sonneborn MdEP. Das Achtzehnte Waaaas??!? URL: https://www.youtube.com/watch?v=tTAiRjQ8vh4. Zugriff: 27.07.2025.*

111 *Vgl. dazu: Daniele Ganser. Imperium USA. Die skrupellose Weltmacht. A.a.O. S.35.*

112 *Ebd.*

113 *Ebd. S.37.*

114 *Ebd. S.40.*

115 *Vgl. dazu: Jochen Krautz. Neoliberale Bildungsreformen als Herrschaftsinstrument. In Fassaden-Demokratie und tiefer Staat. Hg. Ulrich Mies und Jens Wernicke. Promedia. 2021. Wien. S.84f: Hauptakteur seit den 1960er Jahren die kulturimperialistische Organization for Economic Cooperation and Development (OECD). Stichwort PISA und Bologna Reform. Neoliberale Strategien im Bildungswesen reflektieren ein antidemokratisches und imperialistisches Programm und somit eine Form der ökonomischen Kriegsführung, die solchen Volkswirtschaften zum Schaden gereicht, die auf gebildeten Bürger:innen beruhen.*

116 *Bernd Hamm. Das Ende der Demokratie...Wie wir sie kennen. In Fassaden-Demokratie und tiefer Staat. A.a.O. S.41: „Sechs Medienkonzerne kontrollieren etwa 90 Prozent all dessen, was Amerikaner lesen, sehen und hören.“.*

117 *Vgl. dazu.: Jochen Kautz. Neoliberale Bildungsreformen als Herrschaftsinstrument. In a.a.O. S.79: Handwerk und Mittelstand beklagen den Bildungsabbau. Die neoliberale Konterrevolution im Bildungswesen dient nur der geistigen Gleichschaltung, aber keiner ökonomischen Prosperität.*

118 *Stephan Schulmeister. Der Weg zur Prosperität. Ecowin Verlag. Salzburg. 2018. S.85f.*

119 *Vgl. dazu: Dana Priest, William Arkin. Top Secret America: The Rise of the New American Security State. New York. Little Brown. 2011. S.52.*

120 *Bernd Hamm. A.a.O. S.56.*

121 *Vgl. dazu: Werner Rügemer. Die Privatisierung des Staates – Das Vorbild USA und sein Einfluss in der Europäischen Union. In a.a.O. S.112: Neben dem CFR wirken deregulierungs-profitierende Think Tanks wie RAND Corporation, American Enterprise Institute, Cato Institute und Center for Middle East Policy.*

122 *Vgl. dazu: Bernd Hamm. A.a.O. S.33 f.*

123 *Stellvertretend das Beispiel Friedrich Merz – Senior Counsel im Düsseldorfer Büro der internationalen Anwaltsfirma Mayer Brown.*

124 *Z.B.: Kissinger Associates. Internationale geopolitische Beratungsfirma (Gründer: Henry Kissinger). URL: https://wiki.das-unsichtbare-imperium.de/wiki/Kissinger_Associates. Zugriff: 09.09.2025. Vgl. dazu: Werner Rügemer. A.a.O. S.114: Private Berater, Kanzleien, Banken, Investoren – wie McKinsey, Boston Consulting and Accenture, Merrill Lynch, Lazard, Blackrock – haben eine praktische Staatsfunktion.*

125 Vgl. dazu: Ulrich Mies. A.a.O. S.65.
126 Vgl. dazu: Bernd Hamm. A.a.O. S.57.
127 Ebd.
128 Stephan Schulmeister. Der Weg zur Prosperität. A.a.O. S.12.
129 Vgl. dazu: Bernd Hamm. A.a.O. S.29: Man muss sich bewusst sein, wie viel Kontrolle und Macht der Finanzsektor (die Finanzindustrie) über Produktion und Dienstleistungen (= Volkswirtschaften) hat. „Die enorme Menge an frisch gedruckten US-Dollars seit Aufkündigung des Goldstandards 1971 ist hier entscheidend. (…) Die Einsetzung des US-Dollars als Weltreservewährung in Bretton Woods hat die ökonomische Weltmacht der USA begründet.“.
130 Stephan Schulmeister. A.a.O. S.12f.
131 Arno Gruen. Der Kampf um die Demokratie. Klett-Cotta. Stuttgart. 2002. S.97.
132 Berthold Brecht. Svendborger Gedichte. Malik-Verlag. London. 1939.
133 Forderung nach einer Millionärssteuer in Österreich benötigt eine breite Wähler:innenunterstützung. Fragen & Antworten zu Bablers Millionärssteuer-Modell. URL: https://www.spoe.at/fragen-antworten/. Zugriff: 16.09.2025.
134 Vgl. dazu: James Petras. The Two Faces of Class Struggle. 2013. In Bernd Hamm. A.a.O. S.30.
135 James Petras. The Two Faces of Class Struggle: The Motor Force for Historical Regression or Advance. 2013. URL: https://petras.lahaine.org/?p=1934. Zugriff: 20.08.2025.
136 Vgl. dazu: Hannes Hofbauer. A.a.O. S.211ff.
137 Michel Foucault – Die Spur der Macht in uns allen (Radiofeature). PhilosophieKanal. URL: https://www.youtube.com/watch?v=VgrQSlAKaIA. Zugriff: 18.07.2025. Das Leben wird umfassend reguliert. Techniken der Individualisierung der Macht – wie kann man jemanden überwachen und das Verhalten und seine Eignung kontrollieren. Zwei große Revolutionen der Technologie der Macht- die Entdeckung der Disziplin und die Entdeckung der Regulierung. Perfektionierung einer anatomischen Politik und einer Biopolitik. (…) Lenkung der sozialen Wahrnehmung in Wissenschaft, Kulturindustrie und Politik, die sich wiederum gegenseitig be-bubble-n.
138 Vgl. dazu: Werner Meixner. A.a.O. S.2. „Die Ausübung dieser imperialen Herrschaft wird nun im 21. Jahrhundert endgültig ermöglicht durch die Informationstechnik der vernetzten Cyberwelt und KI. Sie ist die Schlüsseltechnologie zum einen der Transformation von Staaten in überwachte und wirtschaftlich kontrollierte Staaten und zum anderen der Weiterentwicklung militärischer Stärke.“.
139 Vgl. dazu: The Chris Hedges Report. The Rise of the Thielverse & the Surveillance State (w/Whitney Webb). 23.10.2025. URL: https://www.youtube.com/watch?v=Um-TvmzzK_g&t=2649. Zugriff: 24.10.2025.

140 *Verfünffachung der Videoüberwachung in Österreich geplant. URL: https://epicenter.works/content/verfuenffachung-der-videoueberwachung-in-oesterreich-geplant. 11. August 2025. In der Sommerpause des österreichischen Parlaments und ohne öffentliche Debatte will das ÖVP-geführte Innenministerium die Videoüberwachung in Österreich verfünffachen. Nach dem umstrittenen Beschluss zum Einsatz des Bundestrojaners ein weiterer Angriff auf die Grundrechte. Zugriff: 17.08.2025.*

141 *Vgl. dazu: Hans Herbert Kögler. Michel Foucault. J.B.Metzler. Stuttgart. 2004. S.81.*

142 *Ebd.*

143 *Walter Seitter. Michel Foucault – Von der Subversion des Wissens. Fischer Verlag. Frankfurt am Main. 1987. S.166.*

144 *Václav Havel. Moral in Zeiten der Globalisierung. Hg. Frank Strickstrock. Rowohl Taschenbuch Verlag. Reinbek bei Hamburg. Oktober 1998. S.27.*

145 *Václav Havel. A.a.O. S.16f.*

146 *Arno Gruen. A.a.O. S.180f.*

147 *https://www.pearson.de/strategisches-management-9783868944211*

148 *https://www.puls24.at/news/politik/bundesregierung-was-geloben-die-oesterreichischen-minister-eigentlich/391145*

149 *https://www.lobbycontrol.de/ueber-uns/publikationen-material/jahresberichte/*

150 *https://www.weforum.org/about/world-economic-forum/*

151 *https://www.weforum.org/communities/strategic-partnership-b5337725-fac7-4f8a-9a4f-c89072b96a0d/*

152 *https://www.youtube.com/watch?v=cZo7X5YGJHg*

153 *https://www.foxbusiness.com/politics/blackrock-ceo-slammed-force-behaviors-dei-initiatives*

154 *https://www.swfinstitute.org/fund-manager-rankings/asset-manager*

155 *https://www.dersandwirt.de/produkt/neues-geld-fuer-eine-freie-welt/*

156 *https://www.tagesanzeiger.ch/ukraine-nahost-und-viele-mehr-zahl-der-konflikte-steigt-weltweit-469142330303*

157 *https://en.wikipedia.org/wiki/The_End_of_Alchemy*

158 *https://www.atlanticcouncil.org/cbdctracker/*

159 *https://www.mittelstandsblog.blog/der-digitale-euro-kommt-ein-perfektes-kontrollinstrument/*

160 *https://www.azquotes.com/author/24128-Richard_S_Salant)*

161 *https://www.mittelstandsblog.blog/die-welt-der-vertrauenspraktiker-eine-analyse/*

162 *https://shopping.gewinn.com/produkt/gewinn-extra-05-2025-zum-herunterladen/*

163 *https://www.boerse.de/historische-kurse/Rheinmetall-Aktie/DE0007030009*

164 *https://www.mittelstandsblog.blog/der-digitale-euro-kommt-ein-perfektes-kontrollinstrument/*

165 *https://www.agenda-austria.at/grafiken/produktivitaetsentwicklung/*

166 *https://www.statistik.at/fileadmin/pages/214/2_Verbraucherpreisindizes_ab_1990.pdf*

167 *https://www.youtube.com/watch?v=083VjebhzgI*

168 *https://link.springer.com/chapter/10.1007/978-3-658-05348-2_69*

169 *https://www.nachdenkseiten.de/?p=56170*

170 *https://deutsche-wirtschafts-nachrichten.de/2014/06/30/us-milliardaer-warnt-reiche-vor-revolution-der-mistgabeln*

171 *https://barrypopik.com/blog/we_now_live_in_a_nation_where_doctors_destroy_health*

172 *https://www.youtube.com/watch?v=uLaLvALHmEU*

173 *https://wikileaks.org/wiki/US_Special_Forces_Foreign_Internal_Defense_Tactics_Techniques_and_Procedures_for_Special_Forces,_FM_31.20-3,_2003*

174 *https://file.wikileaks.org/file/us-fm-31-20-3.pdf*

175 *https://www.c-span.org/video/?294767-1/wikileaks-release-classified-war-documents*

176 *https://file.wikileaks.org/file/us-fm-31-20-3.pdf; S. 13*

177 *https://file.wikileaks.org/file/us-fm-31-20-3.pdf; S. 14*

178 *https://file.wikileaks.org/file/us-fm-31-20-3.pdf; S. 18*

179 *https://file.wikileaks.org/file/us-fm-31-20-3.pdf; S 128*

180 *https://file.wikileaks.org/file/us-fm-31-20-3.pdf; S. 139 ff*

181 *Carroll Quigley, Tragedy and Hope, 1966, Kapitel „The Future in Perspective", S. 1247:*

182 *https://www.tagesspiegel.de/politik/der-dritte-weg-1023277.html*

183 *https://www.jacobin.de/artikel/wie-liberale-lernten-mussolini-zu-lieben-faschismus-austeritaet-sparpolitik-lohnabbau-clara-mattei*

184 *https://www.oxfam.de/ueber-uns/publikationen/bericht-soziale-ungleichheit-2024*

185 *https://www.regenauer.press/kapitalverbrechen*

186 *https://www.derstandard.de/story/2000125804380/die-grausamen-menschenversuche-des-dr-robert-koch*

187 *https://www.welt.de/debatte/die-welt-in-worten/article13702846/Die-grausamen-Menschenversuche-der-US-Amerikaner.html*

188 *https://de.wikipedia.org/wiki/Syphilis-Menschenversuche_in_Guatemala*

189 *https://www.sueddeutsche.de/wissen/menschenversuche-das-verbrechen-von-tuskegee-1.702457*

190 *https://www.20min.ch/story/die-geheimen-tests-der-us-armee-am-eigenen-volk-151322570882*

191 *https://www.deutschlandfunkkultur.de/ahnungslos-im-lsd-rausch-die-menschenversuche-der-cia-100.html*

192 *https://www.spiegel.de/geschichte/geheime-menschenversuche-a-946877.html*

193 *https://www.spiegel.de/politik/ausland/geheime-drogenversuche-an-us-soldaten-truppe-im-rausch-a-910316.html*

194 *https://zeitungderarbeit.at/international/usa-menschenversuche-an-gefangenen-aufgedeckt/*
195 *https://taz.de/Menschenversuche-gehoeren-zum-Atom-staat/!1583535/*
196 *https://www.tagesschau.de/ausland/amerika/usa-strahlenopfer-101.html*
197 *https://www.berliner-zeitung.de/us-militaers-nutzten-menschen-als-radioaktive-versuchskaninchen-john-wayne-ritt-durch-die-nuklearen-wolken-li.16820*
198 *https://www.spiegel.de/politik/entsetzliche-frage-a-609f96d6-0002-0001-0000-000013519982*
199 *https://taz.de/Kalter-Krieg-gegen-US-Bevoelkerung/!1537073/*
200 *https://www.jungewelt.de/artikel/1530.usa-strahlentests-im-auftrage-des-pentagon.html*
201 *https://www.nzz.ch/international/veruebten-die-usa-einen-genozid-an-den-indianern-ld.1631753*
202 *https://www.nlm.nih.gov/nativevoices/timeline/543.html*
203 *https://www.spiegel.de/panorama/zwangssterilisation-in-den-usa-die-verdraengte-schande-a-806709.html*
204 *https://www.tagesschau.de/ausland/amerika/kanada-indigene-sterilisierungen-100.html*
205 *https://www.aerzteblatt.de/archiv/7893/Zwangssterilisationen-in-Skandinavien-Weitverbreitete-Ideologie-der-Eugenik*
206 *https://www.regenauer.press/bioethik-und-eugenik*
207 *https://de.wikipedia.org/wiki/Reproduktive_Gesundheit_und_Reproduktive_Rechte*
208 *https://en.wikipedia.org/wiki/Journal_of_Biosocial_Science*
209 *https://de.wikipedia.org/wiki/Weltbev%C3%B6lkerungskonferenz*
210 *https://www.theguardian.com/world/2012/apr/15/uk-aid-forced-sterilisation-india?commentpage=1#start-of-comments*
211 *https://c-fam.org/turtle_bay/uk-aid-pays-for-forced-sterilizations-in-india/*
212 *https://archive.org/details/huxley-unesco-its-purpose-and-philosophy*
213 *https://www.un.org/development/desa/pd/sites/www.un.org.development.desa.pd/files/unpd-egm_200010_un_2001_replacementmigration.pdf*
214 *https://digitallibrary.un.org/record/412547?v=pdf*
215 *Vorwort „Vom Verlust der Freiheit", Raymond Unger, Europa Verlag 2021*
216 *Friedrich Merz*
217 *Roderich Kiesewetter*
218 *Nikolaus Blome*
219 *absichtliche Verbreitung von Angst, oft durch die Übertreibung von Gefahren, um Menschen zu manipulieren oder zu beeinflussen*
220 *„Die Heldenreise des Bürgers", Raymond Unger, Europa Verlag 2023*
221 *Die unabhängigen Medien*

222 *„Vom Verlust der Freiheit", Raymond Unger, Europa Verlag 2021*
223 *„Die Heldenreise des Bürgers", Raymond Unger, Europa Verlag 2023*
224 *Matthäus 5, 13*
225 *In meinem Fall Malerei und autobiografisches Schreiben*
226 *Wikipedia*
227 *Nachwort zur zweiten Auflage, „Die Heimat der Wölfe", Raymond Unger, Europa Verlag 2024*
228 *„Propaganda – Die Kunst der Public Relations"*
229 *Konfrontation und Aufarbeitung von Angst und Schmerz*
230 *Johan Galtung, Strukturelle Gewalt – Beiträge zur Friedens- und Konfliktforschung, rororo 1975*
231 *Finnland und Schweden haben angesichts des Ukraine-Krieges ihre Neutralität aufgegeben und sind der NATO beigetreten.*
232 *Bundesverfassungsgesetz vom 26. Oktober 1955 über die Neutralität Österreichs (BGBl 211/1955):*
Absatz 1: „Zum Zwecke der dauernden Behauptung seiner Unabhängigkeit nach außen und zum Zwecke der Unverletzlichkeit seines Gebietes erklärt Österreich aus freien Stücken seine immerwährende Neutralität. Österreich wird diese mit allen ihm zu Gebote stehenden Mitteln aufrechterhalten und verteidigen. Absatz 2: Österreich wird zur Sicherung dieser Zwecke in aller Zukunft keinen militärischen Bündnissen beitreten und die Errichtung militärischer Stützpunkte fremder Staaten auf seinem Gebiete nicht zulassen.
233 *Werner Wintersteiner (Hg.), Mehr Sicherheit ohne Waffen" – Zur Aktualität von Hans Thirrings Friedensplan.*
234 *Die USA kündigten den Vertrag jedoch am 2. August 2019 auf, nachdem sie Russland wiederholt Vertragsbruch vorgeworfen hatten.*
235 *„Wir haben deutlich gemacht, dass wir die Nato nicht über die Elbe hinaus ausdehnen", schrieb der deutsche Diplomat Jürgen Chrobog über ein Treffen der USA, Großbritanniens, Frankreichs und Deutschlands im März 1991. Auch Briten, Franzosen und Amerikaner lehnten eine Nato-Mitgliedschaft der Osteuropäer ab. US-Vertreter Raymond Seitz sagte: „Wir haben gegenüber der Sowjetunion klargemacht – bei Zwei-plus-Vier- wie auch anderen Gesprächen –, dass wir keinen Vorteil aus dem Rückzug sowjetischer Truppen aus Osteuropa ziehen werden. (Welt 18.2.2022, https://www.welt.de/politik/ausland/article236986765/Nato-Osterweiterung-Archivfund-bestaetigt-Sicht-der-Russen.html - abgefragt am 27.8.2025)*
236 *Regierungsprogramm 2025 – Österreich in der Welt, Seite 127: „Klares Bekenntnis zur österreichischen Neutralität im Rahmen der verfassungsrechtlichen Vorgaben und zum multilateralen Engagement in UNO und OSZE."*
237 *Regierungsprogramm 2025 – Sicherung des Luftraumes, Seite 92: „Eine Teilnahme an der European Sky Shield Initiative ist ein bedeutender Schritt zum Schutz der österreichischen Bevölkerung vor Bedrohungen aus der Luft und zum Schutz des österreichischen Luftraums. Unser Beitrag beim Europäischen Luftabwehrschirm Sky*

Shield wird konsequent fortgesetzt. Dabei werden wir insbesondere Lenkwaffensysteme mittlerer und großer Reichweite zum Schutz vor Raketen und Drohnen beschaffen und in Betrieb nehmen."

238 *Franz Josef Degenhardt in Befragung eines Kriegsdienstverweigerers (Single) Polydor 2041 252.*

239 *Siehe dazu auch Henry David Thoreau, Über die Pflicht zum Ungehorsam gegenüber dem Staat, 1849 und Ole Nymoen, Warum ich niemals für mein Land kämpfen würde – Gegen die Kriegstüchtigkeit, rororo 2025.*

240 *Theodor Ebert, Soziale Verteidigung. Formen und Bedingungen des zivilen Widerstands. Waldkircher Verlag, Waldkirch 1981.*

241 *Chenoweth, Erica; Stephan, Maria J. (2011): Why civil resistance works. The strategic logic of nonviolent conflict. New York, S. 6 [Übers: Stefan Maaß]*

242 *„Stell Dir vor, es ist Krieg und keiner geht hin – dann kommt der Krieg zu Euch! Wer zu Hause bleibt, wenn der Kampf beginnt, und lässt andere kämpfen für seine Sache, der muss sich vorsehen: Denn wer den Kampf nicht geteilt hat, der wird teilen die Niederlage. Nicht einmal Kampf vermeidet, wer den Kampf vermeiden will, denn er wird kämpfen für die Sache des Feindes, wer für seine eigene Sache nicht gekämpft hat." Aber dieses Zitat stammt – laut einem Artikel in der Zeit – gar nicht von Brecht, sondern wurde sinnentstellend vor ein Brechtgedicht montiert: „Sometime they'll give a war and nobody will come" – diesen von den Friedensfreunden aufgegriffenen Satz schrieb der Dichter Carl Sandburg 1936 in seinem Gedichtband The People, Yes. Um die Aussage in ihr Gegenteil zu verkehren, dichtete ein anonymer Autor die Zeile „... dann kommt der Krieg zu euch" dazu und montierte das Ganze vor eine Passage aus Brechts Koloman Wallisch Kantate. In der geht es aber überhaupt nicht um einen Krieg – sie ist dem österreichischen Revolutionär Koloman Wallisch gewidmet, der 1934 bei den Arbeiteraufständen ums Leben kam. Erst ab der Zeile „Wer zu Hause bleibt ..." handelt es sich also um ein Brecht-Zitat. http://www.zeit.de/2002/06/Wissen/200206_stimmts_brecht.html Brecht schreibt auch vom „Kampf", nicht von „Krieg".*

243 *Nunu Kaller, Krieg tötet – auch das Klima, wienerzeitung.at 27.06.2025*

244 *Die Studie mit dem Titel „Climate Crossfire" (zu Deutsch „Klima-Kreuzfeuer") stammt von einem Bündnis mehrerer internationaler Organisationen, darunter der Thinktank Transnational Institute, die niederländische Gruppe Stop Wapenhandel, Tipping Point North South aus Großbritannien und das spanische Centre Delàs. Aus Deutschland zählen die Internationalen Ärzte für die Verhütung des Atomkrieges (IPPNW) zu den Mitherausgeber:innen.*

245 *11.12.1997 Protokoll von Kyoto anlässlich der Klimarahmenkonvention der UNO;*
12.12.2015 Übereinkommen von Paris anlässlich der Klimarahmenkonvention der UNO.

246 Grüne, Fridays for Future;
247 Standard 30.3.2025
248 Es handelt sich vielmehr um Schulden, die aufgenommen werden sollen.
249 Standard 15.3.2025
250 Orfon 14.5.2025
251 zdfheute 15.5.2025
252 Gandhi, Dover 2001, S. iii (Editor's Note)
253 www.icu-band.com
254 Karl Kraus: Die Fackel 514-518/1919
255 Karl Kraus: Die letzten Tage der Menschheit; Jazzybee Verlag, 2017
256 1879–1955. Theoretischer Physiker und Nobelpreisträger
257 1856–1939. Arzt und Begründer der Psychoanalyse
258 Sigmund Freud: Zeitgemäßes über Krieg und Tod. Warum Krieg? – Der Briefwechsel mit Albert Einstein; Reclam, 2022
259 1856–1939. Arzt und Begründer der Psychoanalyse
260 Sigmund Freud: Zeitgemäßes über Krieg und Tod. Warum Krieg? – Der Briefwechsel mit Albert Einstein; Reclam, 2022
261 Bertolt Brecht. Dialoge aus dem Messingkauf. Suhrkamp Verlag. Berlin. 1964. S.67.

IMPRESSUM

Unsere ZeitenWende
Kommunikationsplattform für neue Perspektiven (Hg.)

OHNE FRIEDEN IST ALLES NICHTS
Entmutigungen für Kriegstreiber

Verlag Frank&Frei
Wien 2025
1. Auflage

Coverfoto: iStock | YagiStudio

ISBN: 978-3-903236-92-9

Gedruckt in der EU

frankundfrei.online